U0138857

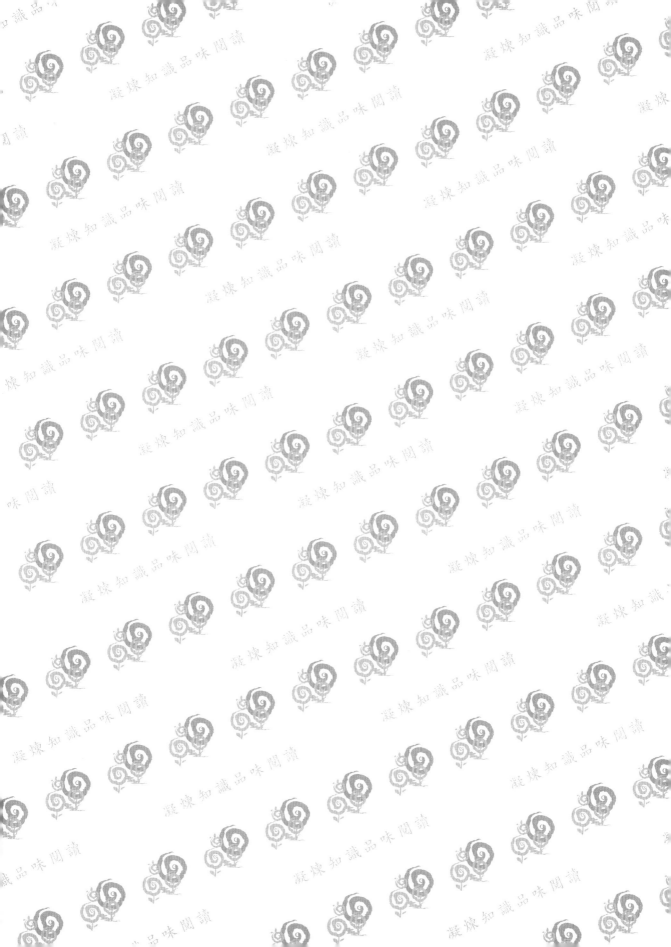

差異化班級
學生評量

Carol Ann Tomlinson
Tonya R. Moon

著

The π Project DI Team
張碧珠　等譯

五南圖書出版公司 印行

Assessment and Student Success in a Differentiated Classroom

Carol Ann Tomlinson
Tonya R. Moon

前　言

孩子，當你開始衡量某人時，請好好地衡量他，好好地衡量。確定自己真的都看清楚了他在抵達現在的位置之前，他所走過的高山與低谷。

——Lorraine Hansberry，《太陽下的葡萄乾》（*A Raisin in the Sun*）一劇

我想，這應該是多數老師的情況吧。我早期的教書生涯多半是受到我念中學與大學時期的經驗所影響，與師培課程無關，更別說我有真的清楚明白什麼是真正的教書與學習。我過去見到我的老師們所做的，絕大部分決定了我的教法。就像小孩子玩「扮家家酒」來學習怎麼當個大人，我則是玩「老師教小朋友」來學著怎麼教書。「扮家家酒」與實際上養兒育女之間的差距，跟我的角色扮演遊戲與實際教書之間的差距，兩者幾乎是一模一樣的。

以我對於評量的理解（或是欠缺理解），我所以為的教書方式，跟我需要怎麼做才能具體提升學生能力，兩者之間存在著巨大的鴻溝。事實上，我的教育字典裡沒有「評量」這個詞彙。要是過去有人問我怎麼定義「評量」一詞，我可能會回答他：「噢，好的。它就是考試、成績、成績單。」在我的想法裡，這三個要素是無庸置疑的。我過去認為成績與成績單很令人作嘔，而考試在某種程度上就是個遊戲。

我出考卷的策略是這樣的：每一次「考核時間」（a marking period）快到時，我發覺自己需要成績、我的學生需要一些成績的證明、又或是我教的單元要告一段落──次主題的結束、單元的結束、段考、即將升上新的年級──我就會坐下來準備出題。我會回想我的學生跟我學了哪些東西，並且試著找出其中最重要的部分。我努力確保我出的考試題目能讓學生運用他們學到的資訊與概念去思考，而非只是鸚鵡學舌（我得到一分），且我經常會出兩題只有他們夠謹慎小心才能答得出來的問題。我會考慮考試的時間長短。我的想法是，一場考試應該要能夠讓學生整節課都專心做答──意思是，他們得明智地運用時間才能寫得完考卷，而且任何人都不可以「提前交卷」。我既要我的學生成功，也想要他們知道他們得下足苦功讀書才能成功。雖然我自己衡量學生學習發展的看法是有問題的，但是我並不介意出考卷。出卷命題這件事本身具備了一點創作性，並且有些遊戲的意味在裡面──我認為出考卷的目的是去擴展學生的能力，而不是要打敗他們。

不過在整個評量過程，發考卷和改考卷這兩件事情讓我比較不滿意。有的學生在考試的時候很焦慮且甚感挫折，而有的學生成績還不錯、但是寫得太快（我過了一陣子才意識到對於這些學生來說，這是考試難度太低的問題。而我拖了更長的時

間才明白，單一份考卷是不可能適合挑戰我班上所有學生的程度）。況且我從來就不喜歡改考卷，看考卷和寫評語耗費我太多時間，而且學生似乎都沒有用等量的時間反思我給他們的回饋。

在每年得經歷四次的「計算平均成績」、送出成績單分數、煩惱我的學生對成績單的反應、跟學生家長談成績的情況下，此時，我對於評量的厭煩終於達到頂點。但我很高興至少整個過程發生之快，根本可說是無痛無感。

最令我感到不自在的是，當我在發成績單的時候，我覺得這似乎是我對學生的背叛。起初，我努力想對我的學生開誠布公。成績單感覺起來很隱諱，但對有些學生來說，它所傳達的訊息出人意料，甚至有些令人驚嚇。然而最糟糕的事情是，成績單本身，與事實上我想讓學生知道我相信他們有能力學習且我樂意盡全力輔助他們成功，兩者之間並不相輔相成。對許多學生而言，成績單似乎成為一種言行不一的評斷，粉碎了我平日要他們對自己要有信心的鼓勵，並且傷害了我們彼此的夥伴情誼。

我痛苦且清楚地回想起來，在我教書第三年的時候，當我完成第一次考核的成績單之後，某天早上我站在教室門口看著學生魚貫進入教室，學生們還不知道自己的成績如何，但我已經感覺到心裡面極不自在，在一想到今天放學前我發成績單

時，在座有些人會有多麼失落，這使得我在帶著活力與肯定的態度招呼他們的同時，心裡面卻覺得自己很不誠實，而在一個有閱讀障礙的男孩微笑著對我打招呼且快樂地走進教室時，我感受到一股尖銳的背叛感。

那一瞬間，我有如被雷擊中，腦中浮現一個念頭。就算我們還沒上完所有的課程內容，但我在那個晚上就可以搞定本學期剩下的所有成績單，而且準確度可以將近有95%。成績單只是在強化現狀，卻根本沒有讓人產生改變。那樣一個強烈震懾我的念頭，使我意識到，倘若我想成功當個老師、而我的學生想成功當個學習者，我日後所稱之的「差異化」就是我們的動力。但可悲的是，那一瞬間的頓悟，長期以來並沒有促使我再度思考、發掘、發明出一個更好的評量模式。

最後，在來到整個出考卷與評分過程的最後階段，又是那令人不自在的自我辯護。我向來歡迎來自家長們的意見（我再多得一分），我引頸期盼家長日那天能有機會多多瞭解我的學生，但儘管如此，這些活動都變得只是讓我在自我辯解──不光是用來解釋我的教學，比較多的是在解釋我的評分方式。

家長日當天，我會帶著我的成績清冊，上面的學生名字旁邊列了一整排成績。我用紅筆標示各種「大型考試」成績（我當時不知道它們就是總結性評

量），以及用黑筆或藍筆標示各種小考成績〔隨堂測驗成績、學習記錄（journal entries）成績、作業成績〕。我準備好要秀給家長看他們孩子的12、15或17個成績，解釋給他們聽每項成績的代表意義，以及我會怎麼平均計算這些成績以放在成績單上。所有的一切都在傳達一種精確、仔細與審慎，我希望家長知道他們孩子的成績是值得信任的。

講的好聽一點，評量是教學過程中定時的打擾，而我恨死它了。它跟我想要給學生與我自己的教室模樣完全不一樣。我之所以忍受評量，是因為我別無選擇。它是伴隨我決定教書而來的必要之惡。

成長的空間

在我教書生涯的前幾年，我對於評量的理解有如此多的漏洞，洞大到都可以為國王織一件新衣。我當時並不知道自己在做什麼，我對於評量的理解以及它在我身上所造成的行為，大概可以歸納如下：

- 評量大多是指成績和成績單。
- 評量似乎是發展學生能力的一種阻礙，而不是發展他們能力的一種機制。
- 評量是一種威脅，而不是一種方式。它無法創造出一個既安全、又有輔助性的學習環境。
- 評量無法指引我，反倒是損害了我想要

強化學生學習效能的目標。

■ 評量潛在地造就有敵意的師生關係，它把學生降縮為一個數字、字母或百分比。

■ 評量沒有創造出強而有力的學習時機，反而吞噬了它們。

■ 我的教導與學習目標是最好要模糊不清，學生得有讀心術，才能知道他們的學習目標是什麼。

■ 評量跟我那模稜兩可的學習目標，兩者之間的連結關係甚是鬆散。

■ 我在無公正判斷且毫不清楚學生需要怎麼樣練習的情況下，就能針對學生的表現評分。

■ 我預設成績可以激勵學生學習。

■ 雖然百般不願意，我有時候還是會把成績當成一種賄賂、胡蘿蔔或棍子。

■ 我給學生的回應大多屬於「做得好」、「好主意」、或是「我喜歡你的做法」這一類。

■ 成績單是加入了學業表現、態度、參與度、公民意識、工作習慣與天知道還有什麼東西的大雜燴。

■ 我很少讓學生思考那些與他們的學習目標相關的評量結果。

■ 我甚少要求學生審視他們自己的學習方法，也很少根據評量所顯示的結果而設定學習目標。

■ 在剛開始教書的那幾年，最令我懊悔的是我都用評量去評分，然後用成績去填

滿成績清冊。

■ 我就是沒發覺到評量正在對我怒吼，要我改變我的教學方式以照顧到學生的學習需求。

在我逐漸理解到什麼才算是有效使用評量，並且最終能衷心感謝它具有能夠改善教與學的龐大潛力的這段時間裡，我的轉變速度有如冰河移動般緩慢。當我過去發自內心努力想要創造出一個學習環境，希望它能振奮我的學生、希望能找到更好的楷模以發想出課程內容，並且發明出幫助學生進步的教學方法時，我當時還是一直把評量當成是闖入我那光明（或至少是進化中的）地域的外來者。由於這個原因──且由於沒有任何人告訴過我應該要重新思考自己對於評量的反感──我一直在閃躲它，把它推向我對於所有教育考量的邊緣處。我猜想自己潛意識下了一個結論，覺得要是每一件事情都運作得當，那麼評量這一塊就不會造成破壞。確實在過去20年間，我在公立學校的課堂上將有效的例行評量跟我的想法與作為做了整合，也得到了不錯的進展。然而，這一切只是說明了評量仍然是我教書生涯中，懂得最少但忽略最多的一塊。

我發現自己定期地會想要重返過去的某一節課，然後重上那一節課，這樣一來，我就能使用我現在覺得最合適的教學策略、就能將我所獲得的深刻思考運用在

某一特定的學習議題上、或者就能研究一個複雜的議題。不過,當我發現自己要是能更早明白那些我從離開公立學校教書之後才學到的東西,因此而能改變我對於評量的看法,想要切換為倒帶模式的渴望便顯得沒那麼強烈了。這本書是個機會,使我能跟其他教室工作者分享那些我希望自己在評量這個領域上能早點知道的事情。

還有成長的空間

我相信今日的教室對於理解有效評量的力量仍有著強烈的需求,隨著學生族群變廣且變得龐雜,他們都需要做足準備以面對一個複雜且快速變遷的世界。我相信

誤用評量的壓力在今日也變得很大。我早年對於評量的理解可說相當貧瘠,至少一部分的原因是因為這個議題不曾在任何對話當中被認真地討論過,或是因為它在當時少得可憐的專業教師成長裡並不可得。今日的教師頭疼的,倒不是因為他們忽視評量。在我看來,反而是因為他們過度吸收了關於評量這個不幸逐漸扭曲的議題。評量來到今日,已逐漸意味著標準化的測驗或是課程結束時的考試。老師和學生都一樣要被評斷 —— 有時候可能是悲慘的負面下場 —— 以這些要你圈選出正確答案的考卷結果為依據。當然也會討論到其他形式的評量,但那些不是被包裝且標準化成為「參照基準」的考試,就是純為期中

考，它們的重要性在於確保學生在學年末的評量測驗中表現良好。而且今日多數的爭論都在於程度，究竟成績單應該或不應該反映出學生對於資訊精熟的程度。

美國正處於「共同核心標準」（common core standards）的時期。或許這些標準反覆提倡的複雜思維使得學生逐漸明白其原則，而能在未來將他們的所學運用在教室與年度考試以外的地方，以更瞭解教導與學習，包括評量。但儘管如此，某些不變的——和評量相關的——事實仍然占據著教導與學習的核心，除非我們所追隨的教育框架能夠培育教師的能力，讓他們能夠讓這些真理化為每日教學的一部分，否則我們的學校、專業與學生都將一無所成。在這些真理當中，最重要的如下所示：

■ 教學是把人們想要理解周遭世界的渴望化為不朽，如此一來，我們所教導的年輕人才會成為這個世界裡愈來愈投入且有豐富知識的服務者。

■ 唯有當學生在乎自己學到什麼、以及承受學習風險時，感覺自己安全且受到支持，學習才會發生。

■ 當人們試圖學習的事物，它能與他們的生活和經驗相連結，且能引領他們達到理解的時候，人們才會更欣然地、更有效率地學習。

■ 學習會發生在人的體內，而不是身上；

正因如此，學習是個雜亂無章的過程，它不可能發生在既定時間內，也不可能對每個人套用一樣的方法。

■ 學習最關鍵的概念就是一個人相信他或她自己有本事學習。

■ 成功的學習者清楚學習的歷程、明白學習值得人付出時間與精力、且明白他們自己對於造就自我成功扮演重要的角色。

■ 教師如何看待學習者與學習，影響著年輕學子把他們自己看待為怎樣的人類與學習者。

■ 教室裡的每個概念或元素，都與其他概念和元素息息相關。學習環境、課程、評量、教導、與教室領導和管理，絕對是相互依存的。當其中任一項元素被強化，全體皆受益；當其中任一項元素被削弱，全體皆受害。

在思考、規劃與執行教學的同時，還要依這些真理或原則來教導，是一項艱鉅的任務。但如果視教育是一份關係著年輕生命的志業，那麼它就是值得追求的目標。

對我們大多數人而言，根據這些原則來思考教室評量是種「思維轉換」（a paradigm shift）。對過去的我而言，事情曾是如此。這讓老師不禁會問：

■ 評量如何點燃年輕人對於我所教導的道

理存有好奇心和興趣，而非澆熄它？

■ 評量如何加強說明了我們所探究的原理、對象與主題裡面的重點？

■ 評量具有什麼樣的特質，能讓學生理解且運用所學？

■ 評量如何能讓我相信我的每個學生都有能力學習教導中或我所教導的重點？

■ 評量具有什麼樣的本質，能成為一股正面力量，幫助學生相信他們自己有能力學習、並且肯付出心力在上面？

■ 評量如何幫助我教的學生，不論是以教室內或教室外的學習者身分，都可以駕馭成功？

■ 評量會以什麼樣的方式讓我明白我的學生帶進班上的相同點與相異處──知道他們每個人都是獨一無二的個體？

■ 評量的資訊具有什麼樣的潛能，能幫助我更有效地瞭解更多學生？

這些都是很重要的問題。早年我以為評量是一個我和我的學生都得忍受的東西，這些問題簡直是存在異世界裡。我真希望我當年能早點懂得問這些問題。

向前看

這本書是具體設計給在真實教室裡工作的教師們閱讀的，他們面對正正的學生，而且每天都身處活生生的學校壓力底下。我與我的合著者Tonya Moon希望這

本書會提供一個明確且實用的框架，讓人們思考評量以及評量在學生（與教師）成就上所扮演的角色。因此，本書是一本「實作方法」（how-to）書。不過，我們也希望本書將會幫助研究本書概念的教育工作者，能夠找出問題最根本的答案，讓我們能夠永續成長且得到蘊含深意的專業方法。因此，我們也計畫做出一本「原理」（why）書。我們相信教育就跟所有職業一樣，唯有執行者能夠從支持我們所做的工作裡的藝術和科學中借鑑，教育才可能做得好。

在後續的各個章節裡，會先從審視差異化的基本元素開始，把評量定位成一個能促使我們意識到教室各項相互依存的元素，包含師生。接著後面的章節會審視前測、形成性或持續性評量、總結性評量、評分與回報成績。

這本書的理念，因為有了我在維吉尼亞大學的同事兼好友Tonya Moon的共同合作，得以更加地完善且扎實。測量與評量是她的專業領域，在這些領域上，她既是我的老師、也是導師。在與差異化教學有關的研究、報告與教學上，我倆已合作多年。她在合寫本書上所做出的諸多貢獻，為差異化與評量這個議題增添了深度、嚴密度與可靠性。我滿心感激她在這本著作中的付出，也感激我們在大學共同努力的成果。

—— Carol Tomlinson

目　錄

差異化：概述

　　記住，差異化比較傾向於指學生從新手、尚可、到精通的不同學習階段，而不是只提供不同的活動給不同（類型）的學生。

　　—— John Hattie，《教師必學學習法》（*Visible Learning for Teachers*）

　　差異化教學時常被人們誤解。讓人比較容易理解差異化的方式，是把差異化視為是一個教學決定，藉此，教師創造出各種學習選項，以呼應學生多樣的學習準備度、興趣與學習偏好。雖然因為簡化了教師的思維、行政者的回饋、專業發展設計，使得差異化教學變得很具吸引力，但是差異化教學反而因此失去效用且具有潛在危險。如果將差異化教學當作是一個獨立存在就能運作的要件，這只會讓差異化教學降格成為一連串彼此不相關、被孤立於整體之外本身即能運作良好的零件。我們該正視的事實是，就跟所有系統一樣，有效教學是一套由許多相互依存的元素所組成的體系，每一個部位都隨著其他的部位被加強而跟著強化，也都因為其他任一部位被削弱而跟著弱化。

　　強而有力的教學能連結五項課堂要素，每一項要素都源自於、都孕育且都能加強另外四項要素。這些要素

即是：學習環境、課程、評量、教學、教室領導與管理（Tomlinson & Moon, 2013）。本章將簡要概述這五項課堂要素，因為它們不但彼此相關，同時也跟差異化有關。如果我們能瞭解優秀教師們在這些課堂要素裡，努力做到了哪些共通之處，將有助於打造出能讓我們能更深入討論的背景條件，進而討論差異化教學當中評量的重要角色。圖1.1提供了差異化教學關鍵元素的流程圖與概念圖。

學習環境與差異化

學習環境指的是教室裡面實體上與情感上的氛圍。它是「天氣」，影響著每一件發生在這個空間裡的事情。在新學年開始的時候，走進教室裡的學生沒人會問：「你能教我什麼跟文法（週期表、草寫或星球）有關的事？」他們的優先問題比較會是：「我在這個地方接下來會變得怎麼樣？」對年輕學子來說，學習環境的本質將會在很大的程度上回答了他的問題。

不論學習者的年紀大小，他們都會問以下的問題（Tomlinson, 2003）：

■ 這個地方會肯定我嗎？（大家會接受我，或認為我值得被接受嗎？在這裡，我會和原本一樣安全嗎？大家聽得懂我說什麼且願意聽我說話嗎？有人懂我好不好且瞭解我的感受嗎？有人在乎我嗎？有人看重我的興趣與夢想嗎？有人尊重我的看法並會照我的話做事嗎？有人會信任我且相信我會成功嗎？）

■ 我會在這個地方有所貢獻嗎？（我會為我所做的事情帶來正面的改變嗎？我會在我們必須完成的事情上展現出獨樹一幟且重要的能力嗎？跟我不在的時候相比，我在的時候能幫助其他人或全班，把事情做得更好且完成更重要的事情嗎？我會在共同的目標下覺得與其他人心意相通嗎？）

■ 我在這裡會茁壯嗎？（我現在所學到的東西，以後也一樣會有用嗎？我能學會怎麼做決定，才會促使自己將來能夠成功嗎？我能理解這個地方如何運作，以及這個地方期待我會變成什麼樣子嗎？我會知道優秀該是什麼模樣，以及如何邁向卓越嗎？在我的人生旅途中，這裡有足以依恃的支援嗎？）

圖1.1
有效差異化教學的關鍵要素

差異化

是教師對於學習者需求的積極回應

由思維形成

且由差異化的一般原則所引導

| 一個能鼓勵與支持學習的環境 | 優質的課程設計 | 能提供資訊教導與學習資訊的評量 | 能回應學生差異的教學 | 領導學生與管理常規 |

教師能透過……進行差異化

| **內容**
學生要處理資訊與概念，以達到學習目標 | **過程**
學生如何吸收與理解內容 | **成果**
學生如何展現所知、所理解、所能做的 | **情意／環境**
教室裡的氛圍與氣氛 |

根據學生的

| **學習準備度**
一個學生有多接近特定的學習目標 | **學習興趣**
激發學習的熱情、喜好與人際關係 | **學習風格**
偏好的學習方式 |

透過各種教學策略，像是

學習／興趣中心・RAFT策略・閱讀架構圖・鷹架閱讀／寫作學習的智能偏好・分層作業・學習契約・清單・九宮格（Tic-Tac-Toe）複合式教學（Complex Instruction）・個別專題・各種報告的選擇・小組教學

- 我會看清楚我們在這裡所做的一切的目的為何嗎？（我明白自己得學習些什麼嗎？我會在我們所做的事情中看出其意義與重要性嗎？我們所學的東西能映照出我與我的世界嗎？我會心無旁騖且全神貫注在我的工作中嗎？）

- 在這個地方，我會有所長進且能隨時面對挑戰嗎？（我的工作會增進我的能力嗎？我會學到如何努力地工作、聰明地工作嗎？我會在自己漸進成長的同時，也造就其他人的成長嗎？我會時常完成那些一開始總以為自己做不來的事情嗎？）

多年前，Hiam Ginott（1972）曾提過教師是教室裡的氛圍製造者，教師在課堂情境裡所做的回應，皆會成為決定一個孩子是被啟發還是被虐待、是被人性化還是去人性化、是受傷害還是被療癒的決定因素。事實上，許多研究陸續指出，教師與學生之間的情感連結，影響學生的學術發展甚鉅（Allen, Gregory, Mikami, Hamre, & Pianta, 2012; Hattie, 2009）。師生之間的情感連結，讓學生信任教師是他學習成就上可以依靠的夥伴。

在一間差異化的教室裡，教師的目的就是要讓教室能在每位得花時間留在這裡的學生身上產生作用，因此，教師得明白每位學生的不同需求，並予以回應，以確實滿足他們的需求。許多的學者（Berger, 2003; Dweck, 2008; Hattie, 2012b; Tomlinson, 2003）都曾指出，教師對於學生的需求所做出的回應應包含以下：

- **信念**：相信學生透過自身的努力與他人的支持，有能力邁向成功。這是 Dweck（2008）所提出的「成長型思維模式」（growth mindset），相信學生的勤勉是造就他們成功的主因，而非受到遺傳或家庭環境的影響。

- **邀請**：尊重學生、敬重他們的本質、敬重他們未來可能的模樣；渴望能夠更瞭解學生，目的是希望能更好地教導他們；知道是什麼使得每位學生都與眾不同，包含他們的優缺點；花時間跟他們對談、傾聽他們的心聲；傳遞出的訊息為教室是屬於學生的；表明一間教室得要有學生，才會有它該有的影響力。

■ **投資**：努力讓教室在學生身上起作用，並且展現出學生在教室裡的長才；樂於思考跟教室、學生和工作有關的事情；滿足於找到新方法以幫助學生成長；決心不計代價地確保每位學生的成長。

■ **機會**：能讓學生去做重要的、值得的、即使是令人望之卻步的事情；充滿嶄新機會的可能性；夥伴情誼；能造就全班成功與學生成長的角色；對於優質成果的期待與從旁協助。

■ **毅力**：持續成長的價值觀；對師生而言，學海無涯；不准有藉口；找出什麼方法最能造就成功；傳遞出永遠都有另一種方法可以學習的訊息。

■ **自省**：仔細觀察與傾聽學生；運用所觀察到的結果與資訊，確保每位學生都擁有不斷學習與成功的機會；努力透過學生的雙眼看世界；問自己，目前有哪些方法有起作用，以及還有什麼更有用的方法。

　　教師有機會發出令人難以回絕的邀約去邀請學生學習。這樣的邀約具有三項特色：(1)尊重每位學生的價值、能力與責任感；(2)擁有充沛的樂觀態度，認為每位學生都具有尚未被開發的能力，能夠學習教師正在教導的事物；以及(3)給予學生充滿活力且一目了然的支持，使得他們成功（Hattie, 2012b; Skinner, Furrer, Marchand, & Kindermann, 2008）。當一個教師展現出這些特色時，學生會覺得教師值得信任——會覺得在他們困難重重的學習道路上，教師是個值得信賴的夥伴。而這樣的感覺，能夠讓教師鍛造出與學生之間的連結。

　　跟缺少這種互信感的情況相比，師生之間的連結，令教師能夠更具體地、從更多面向地來認識學生。這些連結奠定了基礎，使得各項議題與問題能夠以一種更積極且能得出結果的方式陳述。它們關照到人類有「知人」（to know）與「被人所知」（to be known）的需求。而這些師生之間的連結，也讓教師能夠以一個共同的理由，將許多不同的個體組成一個團體，並為這個團體內的每個人帶來學術上的最大成長。在這樣的教室裡，學生們一起合作，展現出一個有效能的團隊特質。他們學習如何合作，運用彼此互補的技能，促使每位成員能善用自己的長處、

減少自己的短處。他們學習爲自己負責、爲彼此負責，以及爲班級進度與常規負責。

學生以什麼樣的方式去體會教室的學習環境，它就以同樣的方式深深地影響學生如何體會學習。儘管如此，其他的教室要素也會深深地影響學習環境的本質。舉例來說，如果課程平淡無奇、毫無啓發性、似乎遙不可及、或者與學生的世界相距甚遠，那麼學生對於挑戰、目的與力量的需求就得不到滿足，學習環境只會變得讓人痛苦。如果評量令人覺得是一種懲罰，而且它本身無法告訴學生如何成功達到重要的目的，那麼會因爲所面對的挑戰與所獲得的支持彼此之間失去平衡，以致學習環境會變得令人惴惴不安。倘若教師的教學未能針對學生的學習準備度、興趣與學習方法等需求而給予回應，那麼學習環境也會令人感到不安，學生感受不到自己被理解、被重視、被欣賞、或是被傾聽。最後，若教室領導與管理顯示出缺乏對於學生的信任，不是僵化就是結構有問題的話，那麼整個學習的過程就會產生問題，並且會再一次地危害到學習環境。教室體系裡的每一項要素都會影響到其他任一項要素，不是強化、就是減弱了它們以及整體的課室效率。

課程與差異化

把課程看作教師打算教學的內容，以及教師想要學生學到的內容，是一種想像課程的方式。比較困難的問題是，我們要如何描述優質化課程（quality curriculum）所具有的特點；換句話說，就是我們應該要教些什麼，以及我們應該要求我們的學生學些什麼。雖然這個問題沒有單一的答案，但已經有足夠的證據（National Research Council, 2000; Sousa & Tomlinson, 2011; Tomlinson & McTighe, 2006; Wiggins & McTighe, 1998）顯示出課程最少要有三項基本特質。首先，課程應該要有明確的目標，好讓學生在學完每個單元之後，能知道、能理解、以及有能力實踐。其次，課程應能讓學生理解重要的內容（相較於大多數採取對內容死記硬背）。第三，課程應能讓學生投入在學習的過程裡。

6

目標明確度

雖然幾乎所有的教師都能講得出自己在一門課或一個單元裡會「帶到」哪些內容，以及學生在這門課與單元裡會做到什麼，但是沒有多少教師能精確地說出學生在上過課以後應該知道、理解、以及能做些什麼。少了所謂KUDs〔即我們想要學生知道（know）、理解（understand）、與能夠做（do）什麼〕的精確性，就會發生許多現在就可以預測得到且代價甚高的問題。由於學習目標模糊不清，教師的教學自然就會飄忽不定。除此之外，學生不清楚自己所學的內容哪裡重要，而把大量的時間花在揣測教師考試可能會出的問題，卻沒有把心力放在思考這些概念如何運作以及自己該如何使用這些概念。再者，評量與教學欠缺對稱性或一致性，教師上課所教的、學生所做的、以及他們如何被要求展示所學，以上這些事情可能彼此有些地方重疊，但它們卻無法如同手戴上手套般的剪裁合宜且服貼。

從差異化的角度看，雖然不到完全不可能，但是少了KUDs的精確性，就會很難有效達到差異化。一個常見的差異化教學方法是，教師會透過指派給跟不上程度的學生少一點作業，而給跟得上程度的學生多一點作業，以這樣的方式進行「差異化」。然而，少做一些你不懂的作業與多做一些你早就懂的作業，這樣一點用也沒有。有效的差異化教學只有發生在當教師：(1)有明確的KUDs並且清楚學生的狀態；(2)能夠在學生一旦精熟了所學的內容之後，就有辦法以知識和技能去計畫自己如何帶領學生接著往下學；以及(3)能夠在帶著全班繼續往下學習的同時，還能「回頭教」那些沒有基本知識與技能的學生以達到精熟的程度。要想讓學生的理解差異化，對於教師而言，最有效的辦法就是讓所有的學生都學習同樣的基礎概念，但在學習的複雜度上作出有層次的差異，並且根據學生當下的程度作出不同的鷹架。不過要是少了明確的KUDs，怎麼樣也不可能做到能站得住腳的差異化教學。

專注在理解上

如果我們打算讓學生有能力運用他們「所學」，強記硬背是無法達到目標的。光靠死記，就算在短時間內，學生也很難記住他們努力想存進腦子裡的東

7

西。就算他們眞的記住了，他們也不會將他們不懂的這些「知識」加以運用、轉移、以及創造（National Research Council, 2000; Sousa & Tomlinson, 2011; Wiggins & McTighe, 1998）。眞正的理解是需要學生能夠學習、領會、以及使用習得的內容。KUDs中的U（理解）是很重要的。把理解放在課程的中心位置，是期望教師自身能夠意識到，是什麼使得他們所傳授的內容能在那些學習它的人的生活裡如此強而有力、要如何組織內容才能產生意義、要如何連結課程內容與學生的生活經驗。再者，期望教師們能創造出有意義的學習任務，讓學生在這些任務當中運用重要的知識與技能去探索、運用、擴展、並以基本的理解加以創作。

就差異化而言，創作出強調理解的課程是希望教師們能夠瞭解到，學生們會以不同的細膩度達到理解，他們會需要不同的輔助去增加他們目前對於任一項原理的理解，而且他們會需要很大範圍的類比或實際運用，以將他們的理解與自己的生活經驗相連結。就評量來說，一個強調理解的課程，表示著前測（pre-assessment）、形成性（持續性）評量（formative assessment）與總結性評量（summative assessment）會儘量多以學生的理解爲主──普遍來講──勝過於以知識和技能爲主。事實上，幫助學生連結知識、理解與技能的評量，會在學習的歷程中特別有影響力。

參與度

不可諱言地，在理解與參與之間，有一條明確的連結。要人花費過量的時間在他們感覺起來難以接近、且與他們個人經驗疏離的內容和想法上，是很困難的。只有在學生的注意力因某個想法或任務似乎值得學習，受到吸引且全神貫注的時候，才有可能產生教室裡的參與。學生聚精會神，是因爲學習任務有趣、或因爲它能讓他們得到競爭力或自主性、或因爲它連結了某個對他們很重要的經驗、興趣或才能，又或是因爲它有著恰如其分的挑戰性足以激勵學生，沒讓他們倍感挫折或倒胃口──又或許是因爲以上這些情況的結合。當學生心無旁騖地參與時，他們會更專心一致、在任務當中可以全神貫注、不畏艱難、經歷到滿足感並以他

們所做的為榮。相對地，缺乏參與，則會導致注意力不足、放棄、臨陣退縮、厭倦、挫折、憤怒或自責（Skinner等人，2008）。增進理解的課程在某種程度上是會讓人投入的，這是反覆演練與死背強記所做不到，且相對地，讓人投入的課程會讓學生更堅持達到真正的理解。Phil Schlechty（1997）表示，學校的首要任務（以及第二、第三……），就是要能夠製造出能令學生全神貫注的投入到渾然忘我、就算愈來愈困難也不要緊的課程，這會為他們帶來成就感，甚至在達成了任務要求的時候難掩喜悅。

就差異化來說，學習任務有時需要有不同難度，或是能連結不同的經驗、興趣與才能，為的是能讓更多學習者參與。就評量而言，最有用的是瞭解到學生不可能會在他們認為跟自己的生活和經驗疏離、或是與他們當下的發展格格不入的評量上投注心力。

「教出卓越力」

除了目標明確度、專注理解、讓學生投入之外，優質的課程設計還有另外一項符合差異化原理的特質：「教出卓越力」（Teaching Up）的原則。當教師為了符合學生學習準備度的需求，在設計一項差異化的學習任務時，一定得決定這項課程規劃的起始點。最好先設計給「標準」或「年級水準」的學生，然後把其中某些任務簡化以達到差異化？還是說，先設計活動給那些對特定內容不太能吸收的學生，然後再針對那些精熟度較高的學生，豐富他們的活動內容，才算得上合情合理？事實上，就許多層面看來，選擇第三項做法會更有用。如果教師能習慣性地從設計學習任務以激發在某一主題或領域特別優秀的學生先開始，然後才透過鷹架教學，幫助程度較弱的學生成功學習較難的任務，如此才能加速地讓更多學生成功。

其次，「教出卓越力」的核心精神乃是課程與學習環境之間的連結。當教師們堅信他們的學生有實力且有毅力完成艱難的任務，他們自然就會提供作業以補足每位學生思考、解決問題、理解重要概念的能力。

「教出卓越力」明明白白地反映出，班上每個人都值得上到教師所能創造出的最佳課程。差異化把讓更多學生都能迎接挑戰一事變為可能。

評量與差異化

倘若教師篤信自己教授的內容與課程能夠改進學生的眼界和生命，並相信學生的價值與潛能，那麼他們就會急著想知道，每位學生是如何朝著重要的學習目標邁進，並且超越它。教師不會再讓任何學生持續地感到挫敗、不安、或為乏味所苦，就像他們不會想讓同樣的事發生在自己孩子身上一樣。如同醫學界對於診斷的理解一樣，評量是教室裡的一個診斷過程。為了學生的學術健康著想，教師得對學生的學術成長有一個經常性的和與時俱進的思維理解。想讓差異化生效，教師得清楚每位學生在踏上這一堂課或這一單元的個人之旅，他們的起始點在哪裡？現在又走到何處？（Hattie, 2012b）換句話說，在差異化教學的教室裡，評量就是每日教學計畫的指南針。

本書的其他章節，將會探討評量如何引導出設計給各種學習者的教學。第二章將會討論評量與差異化的基礎。

教學與差異化

如果課程指的是教師教了什麼或是學生學了什麼，那麼教學指的就是教師該如何教或是學生將會如何體驗學習。許多研究者主張，在學生的學習歷程中，教學的影響遠比課程的影響來得大。Dylan Williams（2011）寫道：「一堂被教得好的爛課與一堂被教壞了的好課相比，前者毫無疑問地是場更好的經驗：教學勝過課程。又或者更精確地說，教學就是課程，因為真正重要的是如何教，而不是教了什麼。」（p.13）John Hattie（2009）則說：「要讓學生征服課程內容，重要的是教師在課程當中所使用的教學策略，而不是因為課程內容。」（p.159）Max van Manen（1991）提醒我們，教師該問的最重要的一個教學問題是，一個特定的學習者要如何能夠體驗到教師教導的內容。

確實，教學正是差異化的核心，因為差異化最終的目的就是確保每位學生都擁有最佳的學習經驗，才能夠增進他們的學術成長。（我們不是指一般標準化測驗成績所顯示的成長，而是指知

識、理解、技能、對學習的參與、身為學習者的自主等各種發展上有顯著的成長。）然而，想達到這個目的，就得仰賴有效的教學方法，以及有效課程、有效評量、教室領導與班級經營的結合。也就是說，能夠有效推動學生從他們的起始點邁進的教學，它將會是：(1)從一個正面的學習社群中獲益，並且造就社群；(2)目標設定在幫助學生獲得且運用特定的學習目標（KUDs）；(3)藉由前測與形成性（持續性）評量，得到資訊；(4)讓彈性化的教室行程與學生的參與度成為教室必要的一部分，並能夠容納學生多樣化的需求。

有些時候，教師觀察、每日目標與評量資訊會指出，全班可能需要的是同樣的教學方式。在這樣的情況下，差異化自然是不必要的。另一方面，總會在有些時候，在某一單元裡，有些學生會在學習中超前或落後其他人，或是有學生會需要將學習目標（KUDs）連結到他們的特定興趣，又或是教師得提供學生不止一種方法，幫助他們完成重要的目標。在這樣的情況下，教師滿足了學生個人的需求以及全班作為整體的需求時，才算是教好了學生——即是，教師

是根據學生的學習準備度、他們個人的興趣與他們偏好的學習方式而讓教學差異化。

學習準備度

學習準備度並不是學習力的同義字，它指的是學生有多接近特定的學習目標。一個學生真正的學習能力如同一座冰山，只有一小部分露出來，有更大的部分是我們看不到的。儘管如此，我們卻經常犯錯，總依據我們所觀察到的部分，自以為這就是他們的能力而加以分類，並且依照這個判定來教導他們，這真是個可悲的錯誤。根據我們所以為的學生能力而加以設想我們的教學，我們會問的是：「這個學生會做什麼？」而根據學習準備度設想我們的教學，我們則會問：「這個學生需要做到什麼才能夠成功？」學習準備度這個字眼與「成長型思維模式」（a growth mind-set）的概念相互一致，兩者脣齒相依。許多的教學方法都鼓勵教師去滿足更多學習準備度的需求，這些方法包括（但並不受限於）以下：分層（tier-ing）、小組教學（small-group instruc-tion）、依據學習準備度的不同而給予

相對應的閱讀材料、學習契約（learn-ing contracts）、學習中心（learning centers）、訂定契約（compacting）、任務有長短不同的彈性時間、個人化的目標、運用科技協助學生的閱讀寫作與其他需求。

學習興趣

興趣是學習的動力。興趣可以是一項主題或是技能，它符合學生的才能、經驗、或是夢想，是學生當下熱情之所在。興趣也可以單純是個吸引學生的概念、技能、或是任務。興趣這個字眼，或許也能被當成是學生在教室裡遇到的全新可能，它們將會是學生們未來熱情的泉源。不論如何，學生都會花更多時間，或者是更全心全意地投入在他們感興趣的事物上。

一個有技巧的教師會懂得幫助學生，讓他們在所學的課程裡看到他們自己、看到他們的生活、他們的天分與靈感。好比說，這會發生在一位高中歷史教師請學生思考，有哪些來自不同文化的因素造就出一個事件或一個時期；一個中學數學教師支持學生去研究音樂裡面的數學或是藝術的科學；一個國小音樂教師幫助學生見識到音樂乃是一種自我表達；或是一個世界語言教師教導學生去比較他們身邊的語言與課堂上正在學習的語言，找出兩者的差別。這樣的情況會發生在一個高中教師秀給學生看滑板公園的3D結構，與其角度所牽涉到的數學，好讓學生知道數學並不侷限於一系列的運算與演算。一個中學英文教師「允許」學生拿一份恐龍滅絕理論的研究報告，當成他的英文作業，即使這份報告的重點變成科學，學生也能因此在學校的科目中找到自己的興趣；又或者是一個高中歷史教師請有藝術天分的學生針對歷史人物畫漫畫，將它用於課堂展示或討論；或是一個科技生活教師要求學生建造一臺機器的原型，它將能協助解決他們所關切的問題。在所有教學方法中，能幫助學生連結他們所學習的內容與他們個人興趣的方法，包括：獨立研究（independent study）、興趣中心（interest centers）、定錨活動（anchor activities）、RAFT寫作策略[1]、專家小組（expert groups）、拼圖學習法（Jigsaws）、以及實作評量（authentic assessments）。

學習風格

幾乎所有人，包括教師與學生，

都有著關於他們自己快樂學習與痛苦學習的故事。學習風格差異化試圖提供許多學習方法給學習者，使學習歷程更快速、更有效。學習風格、學習喜好、或是偏好的學習法，受到性別、文化、環境、生理與每個人特有的學習背景所形塑。不是說每個人都有適合自己的一到兩種學習方法，也不是說每個人只用一種方法，就能順利套用在兩種截然不同的領域或同一領域但兩種不同的主題上。舉例來說，一個靠著口誦法學會乘法表的學生，他或許得靠畫圖或看圖才能學好經緯度。現在的研究（Coffield, Moseley, Hall, & Ecclestone, 2004; Lisle, 2006; Pashler, McDaniel, Rohrer, & Bjork, 2008）與思維，普遍不支持使用調查表、問卷與其他種評量方式，去「決定」一個學生的學習風格或學習智能偏好，而且也絕對不支持指定學生特定的學習風格，或在學生身上貼某一學習智能偏好的標籤，絕不依據對學生學習風格的假設而指派他們學習任務。

學習風格差異化的目的，反而是要為學生創造出更多的方式，讓他們能夠攝取、參與、探究與展現出他們對於內容的知識，然後幫助學生瞭解到在哪些情況下，哪些學習方法最適合他們，以及指引他們去發覺，什麼時候是他們該改變學習方法以獲得最佳學習成果的時機（Tomlinson & Imbeau, 2013）。教師與學生需明白，將人們分門別類或區隔開來，都只是誤判與侷限了他們。以下有一些策略，有助於提供在特定情境下對學生有用的學習方法，包括：RAFT 寫作策略、學習契約或清單、三元智能（Tri-Mind）、合成小組（synthesis groups）、不同學習小組的選項（像是單獨工作、兩人一組、或是小組合作）、各種報告方式與各種課堂任務、回家作業、評量的工具。

彈性的分組方式與可敬任務

有效差異化教學的兩項關鍵原則，就是彈性的分組方式與可敬任務（re-

---

[1] 譯註：RAFT寫作策略（為Role-Audience-Format-Topic的縮寫，意指角色—觀眾—格式—主題），此策略的目的在幫助學生理解他們作為寫作者的角色、他們所要面對的觀眾、各種不同的寫作格式與他們將要書寫的主題。

spectful tasks）。彈性分組強調積極教學計畫的重要性，目的是確保學生經常且時常有機會與各種不同的同儕合作。在有限的時間內，學生得與那些跟他們的學習準備度相近的同儕一起學習，或是與那些有著跟他們迥然不同興趣的同儕學習；得與那些使用相似學習法的同儕一起學習，或是與那些運用完全不同方法的同儕一起學習；隨意分組，或是由教師和同學決定分組。透過適當的設計，這些跟同齡者學習的機會十分重要，它們能讓學生對於自己與他人的長處和需求，更加瞭解且珍惜。彈性分組在幫助教師於不同學習情境下「面談」學生表現的同時，也能讓學生不至於將自己與其他人冠上像是「青鳥組、禿鷹組和燕子組」等某一特定組別的名號。

可敬任務的原則對於差異化的成功也很重要。它指引我們要確定每位學生的作業，都跟其他人的作業一樣有趣且吸引人。它提醒教師，每位學生都應該時常接到任務，這些任務不但反映出教師相信學生值得且有能力處理並應用重要的概念和技能，也反映出教師相信學生是個很好的思考家，有能力運用技巧思索困難的議題，並且能解決複雜的問題。

教學差異化的組成

教學有五個部分可以進行差異化：(1)內容：一個學生需要學習的事物，或是學生將如何獲得通往知識、概念與技能的途徑；(2)過程：學生如何逐漸地精通和「擁有」知識、概念與技能；(3)成品：學生將如何整合式地展現出他的所學；(4)情感：圍繞著師生之間學習和互動的氛圍；以及(5)學習環境：教室裡個人的、社會性的、身體上的安排。所有的要素都能被差異化，以滿足學生學習準備度的需求、他們的學習興趣、他們的學習風格或偏好。表1.1提供一個範例，說明五個教學要素要如何被調整，才能符合學生在這三個層面上的差別。

差異化教室裡的教學，毫不意外地與其他四項教室要素（課程、評量、學習環境、教室領導與管理）緊密相連。它由課程的KUDs領導，由前測與形成性評量加以形塑。當教學能適合教室裡形形色色的學習者時，它就能正面地影響環境，讓環境成為一個安全的地方且足以承擔學習的風險。當教學對教室裡某些或許多學習者沒有用的時候，環境就變成是負面的，學生無法專心學習

表1.1
因應學習準備度、學習興趣與學習風格不同的差異化示例

差異化的組成要素	學習準備度	學習興趣	學習風格
內容	一個小學教師使用地質現象的數位影片影像，輔助那些對於地質現象沒有概念且需要學習與此現象相關字彙的學生們學習。	生物教師運用體育隊伍、家庭、搖滾樂團來說明共生的概念。	在上到詩的單元時，教師發現在她分析詩作的同時，如果有討論到詩作的創作層面以及詩作如何連結到學生的生命（具體層面），有更多的學生會變得聚精會神。
過程	依據從前測得的資訊，一個國小教師在上到如何看時間的單元時，讓有些學生以一小時和半小時為單位來看時間、有些學生以五分鐘為單位來看時間、有些學生以分鐘為單位來看時間。	學生要從家裡的常用物品或是從他們的嗜好當中找出有對稱的事物，秀出這些東西，並且說明他們如何使用這些物品，以及為什麼這些物品代表對稱。	國小學生要學習地球的自轉與公轉如何造成日夜與季節變化。為了進行這個單元，教師請學生站著旋轉以說明自轉的概念、找出會旋轉的物品並且加以說明、唱一些有關於旋轉的歌曲、畫一些會旋轉的東西。
成果	一個中學教師讓所有的學生欣賞學長姐們的優秀作品，好讓他們知道好的作品該長什麼模樣。雖然這些範例皆展現出對於KUDs的精熟，但是程度較高的學生應以更高的水準審視這些作品。	在上到Robert Frost的詩作〈沒選的那條路〉（Road Not Taken）時，中學生要以一個名人或是從電影與文學裡找一個知名的人物角色，去比較詩作裡發生的事情與那個名人的一生，找出他們之間的共通性。	國小學生使用氣象資料，為他們所生活的城鎮未來一周的天氣做出天氣預報。所有人都必須預測天氣，還得解釋他們的預測。他們可以幫當地報紙寫下天氣預測的書面報導、幫電視臺做天氣預測的節目報導、或畫下預測天氣預報的氣象圖。

表 1.1（續）
因應學習準備度、學習興趣與學習風格不同的差異化示例

	學習準備度	學習興趣	學習風格
情感	一個代數教師在解釋複雜的概念時，看到學生身上傳達出挫敗的訊號，於是在她認為學生們沒有跟上的時候，她停下來，改為同儕討論，並且進行問答時間。	一個中學教師發覺班上有些學生不願意接受有挑戰性的任務。在學期初，她就已經再三強調，堅持、懂得尋求協助與訂正是重要的，她並且鼓勵與肯定學生為了成功所付出的努力。	山米有時候很難靜靜坐著不動超過幾分鐘，所以他會變得緊張且注意力不集中。教師於是為他在教室兩側各放了一張椅子，並且跟他約定好，在上課的時候他只有在哪些時候才能換座位，以及他應該怎麼移動。
環境	一個中學的公民教師設計了四種教室空間布置圖，並依據它而在公布欄上貼了四張不同的座位表，目的是讓學生的報告與互動更有彈性。學生們都清楚哪些桌椅要搬動以及要怎麼搬動，才能夠很快地從一種排位方式換成下一種。	一個國小教師在教室裡的好幾個地方貼上了「幫忙卡」，所以當學生在做自己的功課時，他們可以輕易地找到告示提醒他們一些事情，像是要怎麼樣把檔案存到電腦的資料夾裡、日本俳句的基本元素、基本標點符號的原則。	教室裡放著許多可攜式隔板，如果有學生在做事時容易受到其他人的動作影響而分心，可以拿來放在自己桌上。要是學生在做自己的事情時，很容易受到其他小組討論影響的話，教室裡也有許多耳機和耳塞可供他們使用。

且變得自我保護（Sousa & Tomlinson, 2011）。懂得回應學生的教學，它也會在學生學習欣賞同儕表現出的成長與他們學習去敬佩他人所付出之努力的同時，凝聚出一個社群。我們將會在下一段讀到，教室領導與管理會幫助學生瞭解為何需要差異化，幫助學生促成教室領導與管理的哲學理念，幫助學生積極參與成就教室的行程規劃，幫助學生相互扶持並支持教師，讓教室對每一個身處其中的人都有用處。

份的綜合分析研究之後，在他的代表作《人們如何學習》（*How People Learn*）（National Research Council, 2000）一書中做出關鍵性的結論，總結出一個有效能的教室會有四個重要特點：

1. **以學生為中心**：因為教學關心的是學生在他從新手、尚可、直到精熟的這趟旅程中，他所處的位置。

2. **以知識為中心**：因為必須有明確且重要的知識，學生才能產生概念之間的連結與聯繫。

3. **有豐富的評量**：以更加瞭解學生在這趟旅程中的位置，目的是為了要讓教師與學生知道接下來要往哪裡去，如此一來，每位學生才能夠從他（她）的出發點向前邁進。

4. **以社群為中心**：因為從新手到精熟並不只有一條路，教師與學生需要彼此分享和學習，共同承擔不斷的嘗試、不斷的苦難、每個人進步所帶來的勝利感，以及分擔社群成員們共同設定學習的事物。

以上這些，同樣也是一個有效進行差異化教學的教室特色，在這個教室裡的學習環境、課程、評量、教學、教室領導與管理，它們與幫助每位學習者進步且盡可能達成強大學習目標的目的，雙方是一致的。在本書之後的章節，我們會把重點放在這些相依要素的其中之一──評量。不過務必切記，這些要素必須一起運行，運行的方式得是在許多研究與實作裡皆有指出、對學生學習以及作為學習者的發展有益處的方式才行。

※　※　※

本書的重心是差異化與評量。如果你想要閱讀更多關於差異化教學，以及閱讀本章中所提到的其他各種要素的角色，詳見參考文獻。

評量與差異化教學：
理解的框架

從教育觀點來看，最重要的問題始終是：「年輕人如何體驗這個特別的情況、關係、或事件？」
——Max van Manen，《教學的智慧》（The Tact of Teaching）

對有經驗的醫師來說，診斷是看診的基本要素。當醫病關係建立在信任之上，誠實溝通的管道暢通，並且醫師能激勵患者遵循其建議時，診斷確實是有用的。顯然，醫師對於其專業領域的知識需扎實且與時俱進，這點至關重要。近來，醫師也受益於商業的敏銳度，他們必須瞭解保險條例、相關法律、以及瞬息萬變的藥品。儘管如此，為了結合患者當下的需求以提供他們最佳選擇和結果，診斷是根本之道。因此，醫師不經診斷即開藥極為罕見。

同樣地，師生之間也需要建立信任、開放的溝通管道，並激勵學生聽從他們的建議。如同醫師一般，教師對於任教之學科內容與技能也需要扎實且與時俱進的知識。此外，如同醫學，教學是一個多面向的職業，需要教師擔任仲裁者、業務員、律師、顧問、以及協調者——這裡只是列舉一些相關的角色。然而，在一個有效的差異化教學課堂中，評量是成功教學計畫的基石。教師

的診斷就好比醫師的診斷。診斷是為了確實瞭解學生目前學習需求的過程，為每個學生規劃最佳的教學步驟和結果，而學生的學習福利也是教師的責任。不幸的是，教師往往不經診斷即開藥。

　　本章節之目的在為後面章節要探討的評量提供一個思考框架；更重要的是，將評量視為課堂實踐的一項重要元素。我們一開始將探討評量類型；討論實施評量的時機、內涵和理由；探究評量是一具邏輯思維的動線或是行動計畫；以及瞭解評量如何影響其他教室元素（學習環境、課程、教學和領導管理）。接著，我們將在後面的章節重新審視這些主題，並加入具體的重點。

評量的類型

　　課堂評量是蒐集、綜合和解釋教室訊息的過程，目的在幫助教師做決策。這包含了各式各樣的訊息：幫助教師瞭解自己的學生、監控教學和學習，並建立一個有效能的課堂。教師利用評量來做到以下幾件事：診斷學生的問題、判斷學生的學習表現、組織學生學習團隊、制定教學計畫，並有效地領導和管理班級（Airasian, 1997）。本書以及差異化教室所強調的重點，皆在於以評量反應教學。「評量」（*assessment*）一詞源自拉丁語*assidere*，意思是「坐在一旁」（Wiggins, 1993）。

　　課堂評量主要有兩種形式：形成性評量和總結性評量。形成性評量有時也被稱為「持續性評量」。這個過程用於引導、輔導、指引方向及鼓勵學生成長。教師利用持續性或形成性評量，一貫地輔導學生發展知識、理解程度、以及與手邊主題相關的技能，以瞭解如何進行教學來擴大機會讓學生成長，並且成功學會重要內容。若教師蒐集有關學生表現的證據，解釋這些證據，並使用它們來決定教學的下一步驟，則此評量即為形成性評量；這樣的教學決策，比起沒有證據的決策來得更有重點或更有意義（Wiliam, 2011）。形成性評量隱含一個較務實的目的——為了提高教學計畫的精確性與立即性——為了使下一學期的教學更完善。

　　在部分學校環境中，「形成性」評量這個詞彙是指向外採購的標準化測驗，並在學年中定期辦理，由廠商計分，再將成績交由教師使用。他們覺得

這樣的測驗方式能幫助教師為學生準備學期末的高風險測驗。先不去討論是否真是如此，這樣的測驗並不屬於本書所討論的「形成性評量」。這樣的測驗要評量的能力或許可以、也或許不能和訂定的課程目標一致。但幾乎能確定的是，如果教學是基於這些成績，那麼處理這些測驗和成績所花費的時間將無法提供立即的、經常性的教學調整。我們將形成性評量視為教師的課室觀察和教學行為間的一種較為自發性的、持續性的互動循環；教師以此來發展自身能力，以更系統性、更多面向的方式來瞭解教學內容及學習者。「就是在這樣的表現和回饋的自身循環中，學生的學習和學校的進步都能達到最大值。」（Wiggins, 1993, p.18）。這樣扎根於課堂的評量有利於學生的成長，同時亦促成教師專業發展。

形成性評量的兩個類別分別為前測和持續性評量。正如前面所提，許多人用「形成性評量」一詞時，是指持續性評量。雖然這兩個類別有許多相似處，但它們使用的時機和用途卻截然不同，我們需注意兩者間的相似和相異處。我們將在本章接下來的部分及後面的章節，詳細討論前測和持續性評量。

總結性評量與形成性評量的功能和目的並不相同。形成性評量的目的在幫助教師和學生改變方法，增進教學成果；總結性評量的目的是衡量和評估學生的學習成果。因此，形成性評量應少有評分機制（之後會有更多說明），而在總結性評量中，學生會得到一個成績，在某些程度上，將依學生表現所釋出的訊息來評估其成績。也許，形成性和總結性評量兩者之間最簡潔且知名的區別是Robert Stake（引用於Earl, 2003）所提供的描述。他說：「形成性評量就像廚師品嚐湯的時候，而當客人品嚐湯時則為總結性評量。」形成性評量的目標是在時間許可的條件下進行調整；總結性評量則是判斷後做出結論！

評量的施測時機、評量內涵、以及評量的理由

若想在差異化教室裡進行評量，可從何時評量、評量內涵和評量使用之理由等方面來思考，這樣會有幫助。

差異化班級學生評量

評量的時機

　　有效的差異化教學需要教師在以下時機評量學生學習狀態：在單元學習開始前（前測），在單元學習過程中（形成性或持續性評量），以及單元學習結尾的重要時刻（總結性評量）。前測或診斷性評量可以幫助教學者決定學生學習目標（即KUDs）的起始點，以及對於學習內容持續的進展所必要的先備知識、理解和技能。前測對於瞭解有關學生的興趣和學習偏好方面也有幫助。形成性（持續性）評量能使教師仔細地監督學生正在發展的知識、理解和技能，當中包含學生對於主要學習內容原有的或衍生出的誤解。如同診斷性評量或前測，形成性評量也揭露學生的各項學習興趣和方法。總結性評量評估學生的學習目標或KUDs是否達到學習單元指定的學習成果或學習進程，例如：在單元段落的結尾、一段考核時間的結尾、學期結束、期中等。差異化教學特別重視前測和形成性評量。

　　在有效的差異化教室中，評量可以同時是非正式評量和正式評量。非正式評量的形式包括在學生進入或離開教室時和他們交談；學生執行工作任務或分組活動時觀察他們；學生在操場活動或中午用餐時觀察他們；請學生用手勢或色卡來表示出他們對一項剛練習過的技能的信心程度；或是記錄家長在親子日表達的意見等等。非正式評量很有用，能使教師知道什麼讓學生有反應，提供教師一個全貌去瞭解班級整體在某個時刻的進展，使教師累積經驗，知道特定學生在某個特定情境下的學習情況。但在揭露每個學生在班上對於某個特定或是一組學習目標的學習狀態這方面，卻不是這麼有幫助。正式評量（稍後在本書中將詳細討論）包含像是訪查、隨堂測驗、反思卡[1]、弗瑞爾象限圖[2]、隨筆快寫、作業檢查、有目的的記錄學生的能力、興趣或學習方法等。不同於非正式評量，正式評量概括地提供有關所有學生對於某一個或某一組學習目標的資

---

[1] 譯註：反思卡（exit card）是學生在下課前繳交給教師、記錄本節課所學的小卡，可作為教師修正下節課教學計畫的參考。

[2] 譯註：Frayer Diagram，請參閱表3.3的說明。

料，教師可依此做系統性研究，目的是做出教學決定；而學生也可依此檢驗其重要的學習目標。

評量的內容

影響學生學習至少有三個面向因人而有所不同：準備度、興趣和學習風格。正如我們在第一章指出的，準備度和學生學習起始點有關，是根據當下要學習的目標（KUDs）而定；興趣則和能夠吸引學生，使其產生熱誠，或是與其熱愛的事物一致的主題、想法和技能有關；學習風格則和學生喜好的學習模式或學習偏好有關。若是教師瞭解學生在這些方面的差異，則更能專注自己的教學計畫，因此，教師皆應將這三個方面納入評估。這三方面當中，瞭解學生的準備度需要更持續的評量和對評量資料的分析，好讓規劃好的課程與教學，能夠使每位學生從現在的起始點往前邁進。

評量的理由

專家們用三種不同的介系詞來界定評量的目的，分別是：「促進」教學的評量（assessment *of* instruction）、評量「即」教學（assessment *for* instruction）、以及教學評量「的」結果（assessment *as* instruction）（Chappius, Stiggins, Chappius, & Arter, 2012; Earl, 2003）。

「促進」教學的評量（assessment *of* instruction）即是總結性評量，尤其在一個學習階段的結尾，用來判定學生對學習內容的延伸或是KUDs精熟到什麼程度時，特別有用。總結性評量會產生成績，這成績應顯示學生的精熟度。

評量「即」教學（assessment *for* instruction）強調教師依據評量結果得到的訊息來制定教學計畫，而此教學計畫能有效果地、高效率地使學生從目前的知識、理解和技能起點往前進。教學結果「的」評量（assessment *for* instruction）在理解和因應學生的學習興趣與學習方法上也有幫助。教學結果「的」評量不應有評分機制。利用回饋幫助學生清楚瞭解自己精熟哪些地方、或需要更留意哪些地方，一般來說這比分數還有用，因為學生們還在練習和精進自己的能力，不成熟的評分或判斷會創造出使學生對學習產生不安全感的環境。

教學評量「的」結果是爲了確保評量成爲教學和學習的關鍵一環，其目的是幫助學生依照明確的學習目標來衡量自己的評量成果；如此一來，他們更意識到自己在重要學習目標（KUDs）的成長，並且發展需要的技能以加強自己在內容學習上的成功，同時也幫助同儕成功。

評量的行動計畫

持續使用前測和持續性或形成性評量的教師，當他們計畫課程、評量和教學時，會問自己一連串的問題。這些問題提醒教師去思考教學和學習的本質以及教學計畫，同時提供一套行動計畫來統一和一致教師的教學內容、評量內容和教師在「教學—學習」過程的中心位置。這些問題和簡要的說明如下：

■ 「相對應本學習單元或學生學習經驗的學習目標（KUDs）爲何？」學習目標、評量（包括形成性和總結性）和教學之間應有一密切合作的關係。這種關係源自於教師對一門學科或內容是如何組織和產生意義，有著明確而重要的認知。這種認知協助教師專注於必要的知識，讓學生知道學科內容文義、獲取新知；讓教師專注於跟主題攸關的原則或大概念（理解）；或聚焦在學生必須擁有或發展的技能，方能將學到的關鍵知識或核心概念加以實踐。這些KUDs不僅構成學習單元內容的框架，清楚標明前測、形成性評量和總結性評量的重點，以及定義了教學的內涵。沒有明確的KUDs，課程、評量和教學就缺乏了方向。

■ 「學生在該學習單元或學習經驗中，應精熟哪些最重要的知識、理解和技能？」教師當然可以教授分數——若學習單元裡沒有成千上百的東西好教。然而，這些事物在幫助學生發展學科或內容的能力和自信上，並非同等重要。狂趕課程進度，也就是在很短的時間內匆促教完如小山一般高的教材，對大腦並非好事，既無法使學習者投入學習，也無法讓他們好好理解。有效教學是建立在教師的能力之上，教師應能夠聚焦於課程最重要的地方，並幫助學生也學到這些（National Research Council, 2001;

26

Sousa & Tomlinson, 2011; Wiggins & McTighe, 1998）。

■ 「哪些基本要素是本課重點，也應為本課形成性評量的焦點？」學習單元計畫提供該單元學習範圍必要的知識、理解和技能。學習單元內的每一課則內涵KUDs子項，對應該課的重點。無論在一個學習單元或一節課，教學若要聚焦，則KUDs是否清楚明瞭就很重要。同樣重要的是，使用評量也要聚焦，才能監督學生對最重要的學習內容的精通程度。前測或形成性評量的目標不是在檢查學習單元內的所有內容，而是注意學生在關鍵KUDs的進展。

■ 「用什麼策略和機制，最能確認學生在關鍵的知識、理解和技能的狀態？」許多策略可用於前測和形成性評量，例如：一邊看學生做作業一邊速記；學生學習紀錄；簡答測驗；學生用大拇指向上／向下示意；先備知識紀錄卡；反思卡；審視學生寫作以瞭解某項特質等等。策略本身並無好壞，而是策略和評量情境的搭配，像是教師需要評量的內容，合適的評量時間長度，和可供檢閱評量及策劃教學的時間。此外，某項策略可能是在評估學生對訊息的掌握相當有效，而另一項策略也許更適合用來評估學生移轉一項複雜技巧的能力。

■ 「當我們進入學習單元或學習經驗時，我會假設學生已具備哪些必備技能？」一名中學教師近日在一個教師團體中大聲疾呼，他對那些不知道自己在前一年自然課程重點的學生感到愈來愈不高興。他抱怨說：「我就是不懂，如果學生沒學會這些事情，那麼那個笨蛋教師當時在幹嘛？」稍停一會，他又說：「今年我特別感到五味雜陳，因為我就是去年教他們的那位遜咖教師。」我們會對學生好像沒聽過什麼是形容詞、或是不會分數除法、或是不懂如何創造繪畫的透視法而感到震驚，特別是當這些技能在許多場合中我們都教過了。如果教師們知道有多少學生的閱讀能力不足以應付課本內容，他們會嚇到說不出話來。不要理所當然地認為學生進教室時會帶著基礎的知識、理解和技能，這樣才是明智的。要明確知道你假定學生知道、理解、並能做到什麼，然後用前測和形成性評量來「測試」這些假

設。

- 「每位學生的KUDs和先備技能到達什麼程度？」一旦你清楚瞭解某一學習單元或某一學習段落的KUDs，設計出能夠反映這些KUDs和關鍵的先備技能的評量，並檢核以確認每位學生在每項KUDs元素的表現狀態。

- 「我要怎麼思考或者組織我在評量所看到的東西？」你是否正注視著今天所做的評量，查看學生是否懂了基本概念，是否能辯護一個論點、能解釋一個抽象的概念、能將技能遷移應用到一個不熟的情境、或是能夠解釋圖表？也許重要的是在該學習單元的前測需注意到，有些學生能夠定義三種關鍵術語並加以應用，有些學生可以定義術語、但無法應用，有些學生兩者都只會一點點、但還不夠，有些學生則兩項都不行。也許重要的是要注意到，有些學生可以複製今天課程學到的數學解題方法，卻無法解釋為何要這樣解題。前測和形成性評量不是給分機制，而是檢測的模式。再次提醒，這端賴教師對授課內容和組織的清楚瞭解，方能建構出評量所看到的東西。

- 「我要怎麼運用從評量得到的訊息，使學生在知識、理解和技能各方面繼續前進？」這是「接下來怎麼做」的問題。如果我的學生在半小時或15分鐘內就學會看時間，接下來我該怎麼做？如果我的學生在我教之前就學會了估算時間，而大多數學生還在練習這個技能時，我要怎樣做，才能使那些學生善用他們的時間？如果學生不知道什麼是農業，我將怎麼做以確保他們準備好接下來談論關於農業革命的單元？如果我的學生已經具備應有的知識並能應用，我該如何引導他們遷移已經學到的東西、甚至應用知識去創造？如果有四個學生不會做文本摘要，儘管他們三年前就應該學會，我該怎麼教他們這項技能？要回答「接下來怎麼做」這個問題，就得喚起教師注意到知識、理解和技能方面的學習順序，找到學生在這些順序的位置，並將他們準備好在這順序中前進或後退，以幫助學生找到他們學習的下一步。「教師（必須）知道課程的學習目標；知道他們如何讓所有學生達成這些標準；並知道該怎麼做，才能縮短學生現有的知識、理解和

成功達到課程／單元標準之間的差距。」（Hattie, 2009, p.239）

■ **「我要怎麼記錄每個學生的進展？」** 在差異化教學的課堂，每位學生並非皆同時學習一樣的知識、理解或技能。教師可以建立什麼樣的檢核表或表格，列出重要的KUDs，以方便記錄學生學習過程中所產生的精熟度或學習困難？若在筆記本上留一欄來記錄每個學生的能力表現，教師在正式或非正式評量施行之後書寫軼事紀錄，這樣做有意義嗎？有無方法可使學生也參與記錄自己的成長？當學生的進度沿著不同的時間軸發展時，要監督他們的進展並非難事，但這需要教師條理分明且目標清楚。

■ **「我要怎麼做才能使學生更充分理解，並投入自己的成長？」** 很可能有些學生——倘若數量不是很多——會覺得學習和評量是在學校做的事，結果，他們在學習過程中變得較沒有參與感且無能為力。學校的首要目標是必須讓學生成為有能力和有信心的學習者，負責自己的成長。正確使用評量，將能教導學生關於學習過程以及關於作為學習者的事務。當學生對

學習目標明確，並有機會經常去比較自己的學習成果和這些目標；當他們從教師端得到有意義的回饋，並根據回饋制定計畫；當他們看到證據顯示他們的行動讓學習成果變得更好，他們就會發展成長型思維模式，同時培養出相對應的動機來繼續為自己而努力。所有年齡層的學生都應常有機會去理解和闡述這一學習循環：「這些是我的學習目標。這些是我學習成果的優點。這些是我還需要成長的地方。這些是我在課堂上和在家裡能做到的部分。我知道我做了什麼努力而會有什麼樣進步。」當教師使用評量來瞭解自己的教學，也瞭解每個學生的學習時，評量的力量就會擴大。

■ **「評量如何幫助學生更加瞭解差異化是怎樣運作的？」** 在大多數進行有效差異化教學的課堂裡，教師謹慎地與學生建立起理解和實踐這一夥伴關係（Tomlinson & Imbeau, 2013）。教師對學生所傳達的訊息是：「我希望這學年對你們來說是很棒的一年。為了使這願望成真，我必須好好瞭解你們，這樣我才能在學習的道路上一直幫助你們進步。這意味著我將努力瞭

解你們，就如同我努力瞭解自己任教的課程一樣。這表示我需要各位幫助我明白什麼對你們的學習有幫助，配合教室裡進行的教學活動及練習，讓我的教學可以照顧到班上所有的同學，讓每一個同學都以他們能理解的方式學習。」如果教師整個學年的言行都傳遞這個訊息，那麼學生就會逐漸明白他們對教師而言是重要的個體，知道教師會不斷試著瞭解每位學生對應於重要目標的位置在何處，還有教師會根據他對學生的瞭解去創造機會幫助他們進步，用各種方式支援他們學習，並常連結他們在意的事物。在此過程中，學生逐漸理解，評量可幫助教師瞭解他們下一個學習的步驟怎麼走、知道他們的興趣、以及他們學習的方法。當教師要求學生做各式各樣的作業時，學習任務並非依照教師對學生的喜好或他對學生聰明才智的認定來決定；相反地，作業的設計來自於教師對每位學生所做的正式及非正式的評量，檢視每位學生往清楚明確的學習成果邁進的進度。這些清楚明確的學習成果也讓學生能相互幫忙，一起在學術學習上有所進步。這條互相理解、分享的成長之路提供了基石，讓大家一起努力建立並維持有秩序、有彈性的班級常規。

評量與其他教室元素的關聯

現在大家應能看出課程與評量密切相關，因為課程中最重要的學習目標（KUDs）將會成為形成式及總結性評量的內容。其次，從形成式評量或某程度從總結式評量蒐集到關於學生進步的訊息，讓教師能夠設計教學，支持學生成長，精熟該學習單元的KUDs。評量與「教出卓越力」（"teaching up"）也緊密相連，這是高品質的課程所具備的原則之一。以清楚縝密的學習目標（KUDs）來檢視，系統性地監控學生成長，將能系統性地提升學生表現，如此一來，「那些曾被認為僅有少數人能達到的高標準，才能成為對多數學生而言是合理的期待。」（Wiggins, 1998, p.12）

有效實施差異化教學的課室，也呈現出評量與學習環境之間、評量與班級領導／經營之間的重要關聯。當教師規律地使用評量幫助學生發展能力與學

習自主，而不是用來評斷他們，學習環境便會讓學生感到更安全、更能掌握。教師幫助學生瞭解學習任務的差異化通常來自於評量所蒐集到的訊息，讓學生逐漸瞭解教師的目的旨在幫助每一個學生在學習方面踏出穩健的下一步。這樣的體悟，對於學生明白差異化教學的理念，並願意為差異化教學努力是相當關鍵的，因為建立班級共同願景與班級常規，支持學生學習成功，均倚賴差異化教學的思維。有了清楚及不斷調整的學習目標、形成性評量持續蒐集學生學習的進程、量身訂做的教學以照應每個學生都能發展出其成長所需的能力，如此一來，在總結性或更多方面向的評量交互作用下，學生成功的機會也將大大提升。

第 3 章

前測：
單元開始時，對學生起始行為
的瞭解

「影響學習的最重要因素，是學生已經知道了什麼。確認這一點，並以此作為基礎教學。」

—— David Ausubel，《教育心理學：一種認知觀》（*Educational Psychology: A Cognitive View*）

我的一位同事與我分享她開始學游泳的倒楣經驗。在她的第一堂游泳課，游泳教練讓孩子們在泳池邊排成三隊。「如果你還不會游泳，在這裡排隊。」他指著游泳池的淺水區說。「如果你會漂浮，但還不太會游，在這裡排隊。」

他指著游泳池中央一帶說。「如果你自信能游得不錯，在跳水板附近排隊。」他總結道。我這位同事的父親曾在她童年時期多次告訴她，她可以做任何她想做的事。在池畔的那一刻，她想成為一個自信的泳者，所以她加入了在跳水板附近的行列。當教練要求她那一組跳入水中游泳，她很快便領教了地心引力的可怕，而那位穿著休閒褲、POLO衫及運動鞋的教練，則得跳入水中把她撈起來。

回想起來，這個故事挺幽默的。然而，對當時那位渴望學習的年輕泳者來說，這並不有趣。類似情況每年時常發生在許許多多的學生身上，這也同樣

讓人笑不出來——有些學生發現自己在課程中下沉，也就是說，在那一刻，課程對他們當下的技能而言太過高深，而準備好大展泳技的人，卻被要求站在池水較淺的那一端，至於沒什麼泳技的同學，則竟得學習把自己的臉浸入水中。

一位持續使用且有效運用前測的教師，表示她自己在瞭解各個學生不同的起始點前，並不打算「傳遞課程」給他們。在一個單元即將開始時，前測幫助教師為每個學生找到合適的「游池區」。

非正式的前測，至少依循兩種途徑。一種是發生在學年開始及隨後數週乃至數月後，教師在觀察或與學生會談時，藉此得知未來她將如何做教學計畫與進行差異化教學。例如：一位任教三年級的教師，在得知有七個學生對狗有強烈興趣的時候，她可能會讓學生有機會訪談一名獸醫或一個願意展示他所飼養的狗的人，作為學生們傳記寫作的基礎。在剛進入某個社會課單元時，中學教師則可能進行一個稍微正式、但還算間接的前測，用以理解學生對於某一主題的自信程度。他讓學生用手勢比出1、2、3來評價自己能夠用緯度和經度來定位，有多大的自信。以上兩種方法都能提供教師設計教學的實用訊息，但兩者並無法像較為正式的前測一樣，能提供教師系統化或可用於研究和檢閱的訊息，而通常在正式的前測中，教師可以藉此提取或檢視學生的學習。為了具體識別學生的起始點，這種非正式的或間接的前測，應該成為差異化結構的一部分——教師不斷地在尋找訊息，這些訊息不僅將提供規劃未來學習單元的引導，也將幫助教師理解學生、與學生產生連結，並且取得他們的信任。跟間接的或非正式的持續性評量相比，非正式或間接的前測較不普遍，我們將在第四章更充分地討論這個部分。

在本章節中，我們將檢視較為正式或直接的前測，以檢測學生的準備度、興趣、學習風格，並提供每一項的解釋和例子。我們也將探討一個重要的問題，即如何理解並且使用前測所提供的訊息，以作為教學計畫的參考。

回到KUDs

一開始討論前測設計時，要非常強調教師該弄清楚在單元學習結束時，

學生應該知道、理解、能夠做到些什麼。儘管前測的目標不是要探測新單元的每個知識、理解和技能（或每個相關的先備知識、理解和技能），但關鍵是抽出本單元中最主軸的地方。因此，在開始設計前測之前，教師必須明確知悉的東西，有像是單元中的重要詞彙（此為知識的一個例子，意即在KUD中的「K」），有像是對於本單元意義或重要性的基礎理解（即「U」），還有像是學生將在此單元中學習的核心技能（即「D」）。技能不僅包括基本技能，同時也含有批判思考能力（例如：應用、比較和對照、支持論點、以多元視角看待事件和議題、同理心、注意推理中的錯誤、連接案例），以及學科的技能（例如：使用主要史料、科學性思維、有效地使用比喻、數學推理、準備一件藝術品供展覽等）。內容標準在這些範疇內可整體地或部分地提供指引。然而，一套標準既不能、也不應該被視為課程。相反地，標準是課程的成分。有效的課程會要求教師要夠熟悉內容，才得以將所需的材料（標準）與學科的本質和目的融合，以足以適切代表兩者的方式進行融合，而且這個方式還可以

幫助學習者連結、組織與理解該學科的「論述」。換句話說，教師必須嫻熟該單元即將揭示給學生的「故事」，才能清楚知道他該如何採樣，以確知學生的起始點。

彈性思考

一個比較務實的想法是，把前測當成能夠延伸教師理解學生學習需求的一個彈性過程，而不是把前測當成是一個固定的處方或是演算方法。把前測想成是一個彈性的過程，它能輔助教師去洞察學生的學習，進而引導教師運用前測。例如：前測該測什麼能力、該測出多少東西、以及何時進行前測，這些問題都可能隨著學生背景和各單元的要求而有所不同。

有時，教師可能只想要評估學生與本單元的知識（Ks）有關的起始點，或只想看學生如何使用特定的技能（Ds），又或者是只想看學生如何形成概念或原則，以引導他們之後的學習（Us）。然而，在多數時候，同時使用這三者是很合理的，因為它們都很重要，都可以幫助教師瞭解學生在單元內

容上各自不同的起點，協助教師妥適規劃教學，以確保他的教學能符合學習者的需求。簡言之，在編寫前測時，教師應該問的第一個問題是：「我要試著測量的是哪些 Ks，哪些 Us，還有哪些 Ds？」

有時，教師也可能只想前測下一個學習單元的其中一部分而已。例如：代數老師只想要前測複雜的二次方程單元中最基礎的概念，她覺得學生在此單元的理解是累積性的。因此，她決定只針對為期四週課程的第一週內容進行前測，之後再以另一個前測去測驗該單元的其餘部分。

此外，有時前測最好能緊接著執行，而非只在單元開始之前。例如：有一群幼兒園教師相信他們的學生極不可能在他們開始教導之前，就知道對稱與不對稱的概念。另外，他們也覺得有些學生可能一接觸這個概念，就能很快掌握對稱的基本理念，而其他人可能需要較多的時間才能理解並運用。因此，這些教師同意先用一節課的時間，介紹對稱性與非對稱性，在這節課裡解釋專有名詞，並以常見的物品舉例說明；而在接下來的一到兩天，當學生學習其他內容的時候，教師會先進行前測。為了測驗每個學生對於對稱與不對稱這兩個概念的理解，而給他們每個人一袋紙公仔，學生會從袋子裡抽出三個公仔，解釋他們認為每一個公仔分別是對稱還是不對稱，並詳細說明為什麼他們選擇那個答案。這樣的一個前測，比教師還沒教對稱的概念就施測，要來得更能讓教師看見學生的起始點。當教師聽了學生的回答和解釋，他們就很清楚地知道哪些學生缺乏基本的（先備的）詞彙，以致無法進一步領略這些概念，以及哪些學生具有豐富的詞彙，使他們能更迅速地處理概念，表現遠超出教師的預期。這些前測的結果會引導教師後續的教學計畫，它會以學生各自準備學習與運用對稱概念的程度為依歸。

前測學生的準備度

前測學生的準備度有兩個功能。一個功能是提供教師對學生學習內容的先備知識瞭解，以便建立其後的學習環節。評估先備知識可以辨識出學生的誤解，以及在知識和技能方面的落差，而這些誤解和落差是教師以為該年級

學生早已精熟的。雖然誤解和落差發生的原因各異（例如：之前錯誤的教學、學生過去的經驗、遺忘），透過有目標的教學來解決這些問題是重要的，因為證據顯示，學生會吸收新內容到他們現有的知識架構（Tomlinson & Moon, 2013）。如果在教新的內容前沒有先確認並解開誤解，或沒有先找出學生在知識、理解或技能上的差距，錯誤的觀念便會持續下去，而差距會成為鴻溝，兩者都將無可避免地干擾學習目標。

　　學生準備度前測的第二個作用是，提供教師關於學生對單元裡新內容的精熟度，以便使教學能適合學生對內容不同的熟練程度。重要的是，別把學生當成一張白紙，或者只是因為內容還沒正式教過（或因為我們還沒教），就認為學生尚未對新內容有一定程度的掌握。花時間重教一些學生已經掌握的概念或技能，這是在浪費教學時間，就如同逼某些對知識或技能有誤解或有相當落差的學生趕學習進度，這也只是在浪費時間。這兩種情況都會導致幾乎或完全沒有任何學習上的進步。

　　除了理解特定的前測在某單元中所扮演的角色，教師也能用以下五種前測

的質性指標來作為引導：

　　指標1：前測是以發展學生最重要的KUDs作為目標，並且與開始設計教學流程的KUDs一致。以下是三年級幾何學單元的典型標準：學生能選擇並使用適當的單位和測量工具來計算多邊形的周長。為了預試這個標準，教師可以給學生一個多邊形圖形，並提供每邊的長度。學生的工作就是計算多邊形的周長，然後寫出並解釋他們的做法。在圖3.1中，學生沒有被要求算出周長，而是要運用他們已具備的周長概念來解題。圓和邊框是誘答（因為它們不是多邊形），加入是為了要辨識出哪些學生可能不瞭解多邊形及其邊長的概念。指示也可以問出學生的運算過程。這個問題針對學生對詞彙的知識（*K*：包括多邊形及其周長）、他們對這兩個概念如何運作的理解（*U*），以及他們運算並解釋思考過程的技能（*D*）。

　　指標2：前測所使用的方法，要適合蒐集教師想要蒐集的訊息。如果教學的目標是要學生發展出對科學探問過程的理解，那麼其中一個適合測量學生目前理解程度的方法是：在前測中，請學生

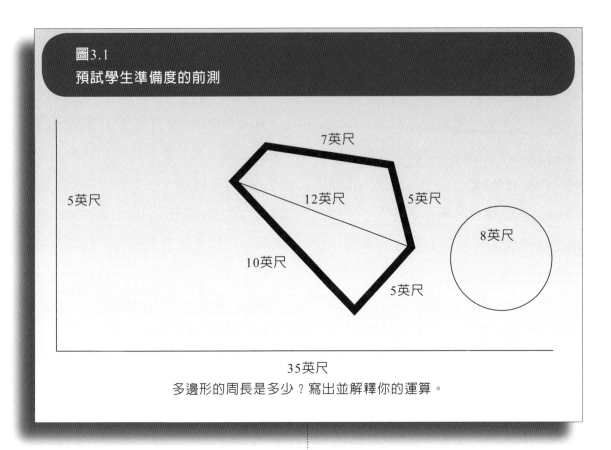

圖3.1
預試學生準備度的前測

7英尺

5英尺

12英尺

5英尺

8英尺

10英尺

5英尺

35英尺

多邊形的周長是多少？寫出並解釋你的運算。

畫出概念圖，表達出過程中一串不同元素及次要元素的關係。但是如果目標只是要蒐集學生對南北戰爭某些戰役日期和地點的知識，那麼最適切的前測方式就是要學生指出某些戰役發生的日期和地點——這些記憶性的知識，可以在先備知識紀錄卡（entrance card）、反思卡、或者紙筆測驗中蒐集到資料。依照教師打算為理解、應用和學習轉移的程度，前測（以及形成式和總結式評量）需要學生展現他們具備這些技能的證據，而非只是喚醒記憶性知識的答案。

指標3：前測要考量時間限制。教師並不需要冗長的前測，才能瞭解學生目前KUDs的情況和先備的KUDs。通常一到兩個設計良好的問題或提示，就做得到了。如果較長的前測是有幫助的，前測的問題可以分成數天來問，一次幾個即可。這樣的話，前測就不會占用太多授課時間。

比如說，物理老師Welsh太太知道在九週課程的第二週，單元將聚焦在物

質分類，這部分的課程將探索物理與化學特質、原子和元素、以及週期表等主題。Welsh老師想要知道她的學生們對應物理及化學變化的概念的起始點在哪裡，這樣她才能夠準備好處理學生之間無可避免的準備度差異，於是她決定要提早兩週開始做前測，而且她要使用先備知識紀錄卡的格式施測。她的學生一進教室就遵照黑板上的指示行動。他們使用放在門口旁邊盒子裡的索引卡來回答以下問題：「定義物質常見的三種狀態，並且每種均舉出一些例子。如果你不確定物質常見的狀態，直說無妨。」這種先備知識紀錄卡在開始當天教學之前作為定錨活動，學生專注地完成一個有意義的任務，這任務能提供Welsh老師前測訊息，她可以用這些訊息來設計接下來的單元。這個前測夠簡短，不會花掉當天教學的大量時間。她可以在接下來幾天重複這樣的先備知識紀錄卡程序，只要換成其他聚焦在接下來單元的KUDs問題以及先備知識即可。

另一種考量前測及前測時間限制的方式，跟教師需要時間好好運用他們從前測所瞭解到的有關。好比說，有時在星期二舉行前測是可行的，然後教師可以檢視學生的作業，並使用前測的結果來計畫週三的課。但是教師很可能需要不只一個晚上的時間檢視學生的前測答案，消化一下這些答案所顯示的訊息，以及對應這些答案以擬訂合理的教學計畫。由於這個原因，在開始進入新的教學單元的幾天前就舉行前測，通常是個明智的做法，如此一來才能解決教師教學時間限制的問題。

指標4：前測的問題項目應依序安排，花最短的時間讓教師瞭解學生目前的程度對應了那些KUDs。前測的項目可以用數個不同的方式安排，以便於讓教師能有效瞭解學生在KUDs的起始點。一種方法是教師依照主題，將問題「分段」，如此一來才能把測量共同主題的許多問題組合在一起。好比說，有個教師可能得為了他下一個力、運動與能的單元，設計一道紙筆前測。最初的幾個問題項目將集中在移動物體的特徵和互動上（方向、速度、摩擦力），下一組問題項目則集中在電路的類型（開路／閉路；並聯／串聯），以及它們的作用。透過將類似內容的項目組合在一起，教師能以最少的時間，快速瞭解學生對每段內容的熟悉程度。

依照順序排列前測的題目，則是第二種能夠大為提升教師理解學生前測結果的效率的方式。在教師試圖以過程（像是寫作過程或設計科學實驗的過程）來評估學生的熟練度時，這種方式特別有用。舉例來說，教師常用一系列的步驟來教導寫作，包括腦力激盪、寫作前、寫作中、編輯和出版。在學年初，教師可能會先對學生進行前測，測驗他們對寫作過程瞭解多少，方法是：她邀請他們在寫作札記本中給她寫封信，描述他們如何寫一首詩、寫一個故事、或一篇文章。透過這種前測，教師會看到學生對寫作過程的理解和他們寫信的結構。此外，她也將獲得對學生的洞察、他們個人的興趣、經驗、夢想等等——對於讓我們研究與瞭解學習者來說，這些東西十分重要。

第三種排列前測的題目並促進教師檢視效率的方式，則是將題目分層排列——從不太複雜的概念，進展到比較複雜的（參見表3.1的例子）。請注意，在該表格中，項目的層次包括學生必備的技能、預計下一個單元他們需要的技能、以及延伸超越本單元的技能，以確定是否已有學生在進入該單元時，

已經具備了相當進階的技能。而教師只消花一點時間，就能考慮好如何有目的性地安排前測的題目。我會考慮把這句話翻成：當題目的排列能夠反映出學生所學內容的邏輯時，使用這樣的出題方式，就可以為教師在理解前測結果的同時，省下不少時間。

指標5：從前測蒐集而來的訊息，只能用來引導教學，而不用於計分或評價學生。 學生與教師都必須清楚地知道，前測並不是拿來計分、不是用來評價他們、也不是以任何方式將他們分類。從根本上說，成績是在教學與練習都充分地讓精熟成為合理的期待之後，才能拿來作為評量學生能力的指標。前測是在這些條件被滿足之前就開始實施的，因此它不應該列入計分。此外，回顧第一章討論過的五個教室元素之間的相互聯繫，這件事情非常重要。如果教室充滿了對人的評斷，那麼創建一個有安全感的教室環境，使它作為學習的催化劑，這件事情若不是變得很困難，就是幾乎完全不可能。對於一些仍在課堂某些學習層面上努力掙扎求生存的學生來說，他們會需要從覺得每一輪的學習都是在強化自己弱點的感受之中，得到解脫。

表3.1
數學的分層前測

題目	學習目標
18 -11	20以內的兩個2位數字相減 （必要的先備概念）
45 -23	兩個2位和兩個3位數相減不需借位 （新的單元概念）
423 -222	兩個2位和兩個3位數相減不需借位 （新的單元概念）
642 -430	兩個2位和兩個3位數相減不需借位 （新的單元概念）
21 -17	2位數相減從十位數借位 （新的單元概念）
46 -37	2位數相減從十位數借位 （新的單元概念）
633 -327	3位數相減需從十位或百位數借位 （平行概念）
552 -261	3位數相減需從十位或百位數借位 （平行概念）

這些學生需要反覆地經歷這樣的訊息，明白學習是一個進步的過程，並且它幾乎總是包含著犯錯，但錯誤是相當重要的，它能幫助教師和學生弄清楚如何以更清楚、更有意義的方式前進。在某學科表現特別突出的學生們，很可能早已看重自己的分數，遠勝於看重學習本身。這樣的學生在面臨能力相當的挑戰時，可能會拒絕延伸學習，僅因為如果成果不夠「完美」，便會害他們得到較差的成績。認為成果不夠完美覺得會害他們得到較差的成績，則可能會拒絕延伸學習。這些學生也需要瞭解錯誤本身的無可避免，以及錯誤所具備的教學意

義。

為了讓學生培養出成長型的思維模式，並且讓他們能認真投入自己的進步，他們必須要能充分證明實行差異化教學的教師不斷地要求他們盡全力，且證明前測及持續的評量能讓教師更有效率地教學，並且讓他們對自己學習的成果有所貢獻。他們必須知道，雖然教室裡會有總結性評量來表現他們的發展，但是這些評量會在經過數次教學、練習、回饋、以及修正的循環後，才會舉行。幼兒園老師會例行性地在前測開始時，提醒她的學生：「我問你們這些問題，只是為了要知道你們已經會了什麼？還有我需要教你們什麼東西，才能讓你們學習？這可以讓我成為更好的老師，也可以幫助你們成為更棒的學習者。」這樣的訊息對於中學生或任何年齡層的學生都同樣必要。

前測的形式

前測的策略可以是間接的（非正式的）或直接的（正式的）測量。間接或非正式的策略通常是非系統性的，因為它沒有安排特定的教學時間來有系統地蒐集每位學生的資料。教師是以「快速檢測學生的能力（sweeps）」或「取樣（samples）」的方式來進行。這一類的前測策略包括快速檢測、贊成／反對、KWL圖表、以及教室即時回饋系統（通常被稱為按鈕器）。對前測有用的策略，多半對持續的評量也有用。（請參考表3.2對於某些間接或非正式的前測策略之敘述。）

有一種間接或非正式的評量方式是要學生回報他們認為自己對應於特定的知識、理解或技能的位置在哪裡。這種方式的優點在於，它讓學生能建立自省技能並且能很快地進行，而且它最不會擾亂教學。主要的缺點則是，它所蒐集到的訊息是全班的、而非個人的，這讓教師難以得到每位學生精確的程度訊息。此外，學生的自評可能不夠精準。

第二種非正式或間接的前測，則是教師對學生的觀察。教學很棒的教師常常也善於觀察學生。當Arnold老師觀察著他的幼兒園學生在過去幾週中用月曆算數時，他注意到幾位學生開始在月曆上加上數字，甚至包括一些兩位數字。他開始列出在算加法的學生名字，這樣他才能在新單元教數字概念和運算時，延續他們對加法的興趣。Lazen老師鼓

表3.2
間接或非正式的前測策略

手勢─教師要求學生自評他們對於某個特定領域的知識、技能或理解。他們舉起一根手指表示他們還不太有信心，兩根手指表示他們頗有自信、但仍然需要多加學習或練習，三根手指表示他們非常有自信、並且可以教其他同學。另一個做法是伸直大姆指來表示非常有自信，大姆指向兩邊表示有相當自信，大姆指向下比則表示還不是很有信心。

KWL圖表和其他圖表（班級程度）─教師讓全班針對某個即將學習的主題進行討論，她讓學生交出一張像是KWL圖表的表單，學生在上面列出他們對該主題已經知道的部分（K）、他們想知道的（W）和單元即將結束時他們學到了什麼（L）。教師得到K和W回應時，她大致瞭解學生對於本主題的熟悉度，但她對於每一位學生的狀態仍無法清楚瞭解。像是概念圖或文氏圖（Venn diagram）等其他種類的架構圖也十分有用。

答案卡─教師提問，學生以舉牌方式回答，而牌卡上的選項已經事先準備好了。每位學生可能有三張牌卡可以選（上面有a、b、c）或者兩張牌卡（上面寫著「是」或「不是」）。學生舉牌時，教師可很快地檢查有多少比例的學生答對。

非正式的談話與觀察─教師與學生間聊，或正式地與學生在學習任務中或課堂討論時交談，還有當教師非正式地觀察學生工作時，他們會瞭解特定學生的興趣、對某些學生有利但對其他學生無益的學習方式、某些學生發展得特別進階的主題或技能、或者是某些學生不足的地方。這樣的訊息將可以並且應該有助於規劃學生接下來要學習的單元。

勵她的五年級學生每天寫下一些他們覺得有趣或重要的事物。她把一些看起來有用的東西速記在便利貼上，然後把它們貼在跟學生有關的筆記本內頁當中，她常常在規劃新單元、課程、還有和學生或家長討論學生在寫作方面的成長時，參考這些記事。

在這兩個例子中，教師的觀察是有目的的，而且教師常常把他們的觀察當作前測的一部分。但是在這兩個例子中，教師並沒有以系統性的方式蒐集所有學生的訊息，也沒有以完整的班級側寫當作他們設計新單元課程的參考。

雖然學生回報和教師觀察這兩種間

接或非正式的評量,都可以用來前測學生的狀態和需求,但是它們更適合、也更常被用來當作持續性或形成性評量。我們在第4章會介紹其他適合作為持續性評量的策略。

至於針對學生準備度所進行的直接或正式的前測,其策略是在安排好的時間舉行,占用部分的授課時間,其唯一的目的就是蒐集全班每一位學生的資料。方式包括紙筆前測、事先安排好觀察或訪談每一位學生(像是放聲思考法[1])、心智圖/概念圖、題組、以及記事等等。請注意,大部分對前測有效的策略,對於形成性或持續性的評量也是有用的。(請參考表3.3對於某些直接或正式前測策略的敘述。)間接(非正式)與直接(正式)前測策略兩者主要的相異之處並非來自於教師如何使用結果來設計其教學,而是在於它對教學時間的影響,以及蒐集到的訊息其程度有多徹底(全班性vs.每位學生)。

理解結果

關於前測最常問的問題之一是:

「我該如何處理結果?」這個「現在該怎麼辦」的問題並不難回答,但是就如同許多人生大事一樣,這個問題的答案並非一開始就非常明顯。

前測的目標就是要理解每位學生目前對應新單元KUDs的所在位置。教師必須成為有批判力的分析者,他才能理解前測透露出哪些關於學生的KUDs程度,或關於他們先前知識的訊息。換句話說,檢視每位學生在前測中對應KUDs的表現,可以幫助教師針對學生之間所存在的、有意義的差異程度而做出有根據性的專業判斷。有意義的差異指的是那些將會影響教學過程的東西。這些差異意味著一體適用的教學方法有可能會錯失某些、許多、甚至全部的學生。有些學生可能缺乏新單元功課絕對必要的先備知識、理解或技能。好比說,對於剛學代數的人,先學好分數是很重要的。如果學生缺乏對數字及運算性質的扎實理解,就無法成功追求更加複雜的代數概念及運算。

KUDs該是學習的重心,但有些例子則顯示出學生的問題在於他們的概念

---

[1] 譯註:放聲思考法(think-alouds)係指邊思考邊將自己的思考歷程大聲說出來。

表3.3
直接或正式的前測策略

弗瑞爾象限圖（Frayer Diagrams）—一個長方形被分成四等份，中間有一個菱形或另一個長方形。教師在中間的形狀中寫下新單元的概念或主題，並請學生在其他四格中分享他們目前的知識，分別為「定義或解釋」、「你知道的訊息」、「例子」、以及「相關例子」（nonexample）。相關例子與主題或概念有關，但又不盡相同。例如：整數、小數、以及百分比，它們都是分數這個概念的相關例子。它們與分數相關，但它們不算分數。

系統性的觀察／訪談—教師與每位學生個別談話，或在他們工作或發表時，對他們作系統性的觀察。教師在事先設計好的清單或指南中，記錄每位學生的相關資訊。

學生的學習紀錄／寫作提示—教師提出一個以某主題為中心的問題，學生以寫作的方式回答。

舉例與說明—教師提問，學生要展示（舉例）並解釋他們對該主題所知道的事物。這個方法對於決定學生理解程度特別有幫助，尤其是對於正在學習教室語言或因為各種原因寫作有困難的學生而言，但這些學生對於目前的主題或技能已有相當瞭解。

學生自評—教師提供學生一個關於新單元主題、概念或技能的清單，並請他們評量自己的熟練度。例如：在1到5之間，以5表示他們非常熟練或自信，以1代表他們還沒有對此主題的自信或熟練度。比方一位教世界語言的教師在課程開始時，請一年級的學生用英文或他們的第一語言來評量自己對於主詞、謂語、直接受詞、間接受詞、介系詞和片語的精熟度。

小考—教師進行並檢閱簡答題或開放性問答題，這些題目是設計用來對應新單元的KUDs以及重要的先備知識。

興趣調查—教師請學生依他們的興趣選擇或排名某些選項、列出／畫出並詳述他們的興趣、或指出某些他們個人覺得特別有效或無效的學習方式。

有誤。比方說，有許多學生存有一個錯誤的概念，認為所有的河流都向南流。這樣的錯誤概念可能是因為他們對於地圖的方位或觀念有所混淆，以為「上方」永遠是北方、而「下方」永遠是南方——這是另一個可能來自於地圖方位的失誤。雖然許多河流確實流向南方，但是河川的流向僅僅是河水向低處流的

結果而已。缺乏這樣的理解，可能會導致判讀地圖、學習社會科目、地理及某些科學領域的混淆。

而在分析其他學生的前測結果時，可能會顯示出他們對教師即將要教的內容早就有了充分的理解。在有些情況下，資料可能會指出學生已經精熟了先備知識以及他們即將學到的教學內容。例如：有一個在中學生的神話課上所施行的前測，透露出班上有四位學生不僅熟悉希臘羅馬神話的諸神，他們還能注意到其他文明神話中也有類似的故事。此外，這些學生也明白神話本身反映出的是流傳它們的民族文化。這些學生不需要再花三到四週的時間「重新學習」他們已經深度理解的內容。教師反而該計畫去做的事情，像是引導他們去比較不同時代和文化背景底下的神話之間的異同處，並且藉由對於文明發展甚為重要的神話來進行推論，進而解開文化的本質。

在真實的課堂當中，當然也有可能看到某些學生在該單元的Ks層面上表現出進階的發展，但他們卻無法解釋這樣的訊息如何產生意義，或對於該單元的理解（Us）層面上表現出精深的看法，這些學生可能也缺乏某些基礎的技能（Ds）。在這樣的情況下，學生針對這個單元的某些地方可能需要額外的教學或練習，並且在其他的地方需要比同儕更複雜的功課。

當教師在前測的資料中看出了模式，他們會從忙著安排前測，轉而使用前測結果作為教學計畫的參考。教師可以用簡單的分類練習來開始理解資料——將學生的回答依照KUDs顯示的「不同」來分類。浮現的模式將會隨著評量、主題及參與的學生不同而有所不同。在某些狀況下，教師可能會在單元開始時就先作出結論，依照準備度而將學生分成以下四組：(1)能下定義並解釋觀念的學生；(2)能下定義、但無法解釋觀念的學生；(3)能解釋觀念、但無法使用清楚的學術性詞彙下定義的學生；(4)既無法下定義、也無法解釋的學生。在某些狀況下，模式則簡單如下：(1)在單元開始時，對於重要的知識或技能有基礎瞭解的學生；和(2)在單元開始時，對於重要的知識或技能沒有基礎的學生。還有一些狀況的模式則會是：(1)有先備知識的學生；和(2)沒有先備知識的學生。

許多教師以含糊的假設來進行例行性的教學，他們認為同樣的教學步驟可以適用於全班每一位處於不同起始點的學生。然而，事實上，那樣的假設並不恰當。在差異化的教室裡，教師不會做那樣的假設。教師會檢視前測所得出的回應，找出學生對應KUDs的優勢與其需求的模式，在該單元開始時，他就能找出可以對某些、許多或所有學習者有益的教學順序。

學生興趣與學習風格的前測

除了針對學生學習新內容的準備度而蒐集資訊之外，前測也能透露出學生的興趣以及他們的學習概覽或學習喜好。瞭解學生的興趣，這使得教師能夠讓教學內容與學生產生關聯，以增加他們對學習的投入。瞭解學生的學習喜好可以幫助教師考量更多樣的方式，用以幫助學生吸收、理解和表現他們對重要內容的精熟度，如此一來才能讓學生學習的過程盡可能地有效率。教師如果能兼顧學生的興趣和學習風格，便可以為大部分的學生取得學習機會的最大值。

前測學生的興趣

以下兩個對於「學生興趣」的詮釋，能幫助教師設計出適合更多學生的課程。首先，興趣可以是學生利用自己的時間享受追求的事物，也就是說，像是音樂、籃球、蒐集錢幣、社區服務、考古、電玩等等之類的事物。有技巧及有意願的教師能在他們教學的內容及學生的興趣中，找到許多關聯性。例如：數學就很容易跟遊戲機、音樂、各種蒐集嗜好、建築、股市、甚至是詩產生連結。文學的主題在歷史、時事、藝術及音樂，還有學校的食堂，都能明顯浮現。科學在政治、社區行動、文學、世界文化、以及其他領域中都能找到。如果教師能跟學生談談他們的興趣、聽出線索找到他們熱衷的事物、以及直接調查（或前測）學生的興趣，就能找到方法連結學生的興趣，這將大大提升學習的內容與學生之間的相關性、提升學生的學習動機以及他們的學習成就。好比說，上代數I這門課的學生，在計算與個人興趣相關的題目時，表現得比那些得計算與個人興趣無關的題目的學生還要好，特別是在比較複雜和抽象

的內容上（Walkington, cited in Sparks, 2012）。表3.4提供某間中學針對學生個人興趣所做的前測，作為一個範例。

其次，也可以用雖然範圍較為狹窄但很有用的方式，來看待學生們的興趣。藉由讓學生把某單元的各個子題、一年課程中的所有主題、或課程中其他那些必修的項目分別依序排名，教師便可以瞭解哪些學習的面向會比較受某些學生的歡迎，而它們對其他人來說則不那麼有趣，甚至可說得上是討厭。

有了這些資訊，教師可以將喜歡這個學科某個面向的學生組成專家小組，讓他們去對其他沒有興趣的學生分享想法，同時，教師還能特別關注對某個主題有所保留的學生，或者他可以把學生

表3.4
一所高中生物課對學生興趣所做的前測

指導語：如果我能瞭解你們的興趣，我才有辦法成為一個更好的老師。請在以下的每一欄中，寫下你的一個興趣。簡述你有多麼投入那個興趣。同時也記錄下任何你所想到、可以將那個興趣和科學結合的方法。

興趣：	興趣：
經驗：	經驗：
與科學的關聯：	與科學的關聯：
興趣：	興趣：
經驗：	經驗：
與科學的關聯：	與科學的關聯：

表3.5
針對二到三年級生對文體的興趣所做的前測

文體調查

指導語：

■ 請在你認為最有趣的文體旁畫星星。★
■ 請在你認為還好的文體旁畫笑臉。☺
■ 請在你不喜歡的文體旁畫箭頭。⬇

1. 歷史小說
2. 奇幻小說
3. 怪誕小說
4. 喜劇
5. 二、三年級適讀的小說
6. 戶外探險
7. 動物故事
8. 科幻小說

的個別興趣跟該學生比較沒興趣的必修主題產生連結。表3.5提供一個例子來幫助教師看待學生的興趣。有一位教師請學生指出他們特別鍾情於哪一種必學的文體、對哪一種文體感覺還好、還有哪些文體是他們不喜歡的。學生的回應使她能夠特別留意有哪些學生在學習自己不喜歡的文體、使她能夠讓一些偏好某個文體的學生跟大家分享他們對該種文體的熱情，並且使她能夠結合不同的文體來處理學生的興趣以及他們的保留

態度。比方說，有兩個學生向她表示自己對於動物故事的喜好以及對怪誕小說的厭惡。在向圖書館員諮詢後，這位教師得以找到與動物相關的怪誕小說，並且把這些書籍加入班級圖書館中。同樣地，有三個不喜歡奇幻小說的學生，他們很喜歡喜劇。圖書館員便把幽默的奇幻小說加入班書選集當中。上述兩種瞭解學生興趣，並且將他們的興趣與重要內容產生關聯的方法，都能提升學生學習的動機，並因此而可能增進他們學習

的結果。關照學生的興趣也清楚地代表著教師對學生的投入。

學習風格的前測

學生的學習風格或其偏好的學習方法的評量,是值得我們注意的。儘管已有許多的實證,證明每個人通常會以不同的方式從事同樣的任務,但是對於教師如何評量和使用他所得到的結果來處理課堂中的各種學習方法,許多領域的專家對此抱持著批判的態度。許多心理學專家(像是Coffield et al., 2004; Pashler et al., 2008)對於像是「學習方法」這樣的概念,批評它缺乏明確的定義(他們常常誤把「智能偏好」也包含進去)。他們並譴責許多不同的學習方式和其各自不同的重點,讓這個概念顯得無用。此外,對於教育者使用學習方式(還有學習的智能偏好)的調查表來決定學生在此學習領域的優勢與弱勢,他們也有所批評,因為那些工具通常缺乏信度及效度(Eliot, 2009; Salomone, 2003; Tannen, 1990; Storti, 1999;Trumbull, Rothstein-Fish, Greenfield, & Quiroz, 2001)。最後,心理學家們強調每個個體都用不同的方法學習,而個體偏好的方法隨時間和環境條件而有所不同。所以他們警告:把學生貼上某種學習者的標籤,不但毫無根據,而且也相當設限。許多腦神經科學家也批評讓人用寫歌的方式學習數學的做法——這是對於頗受歡迎的Howard Gardner提出的多元智能理論所作的批評。有些社會學家譴責將學生分成各種不同的學習者這類做法,他們指出這樣的分類通常會造成刻板印象,也同時提醒大家「貼標籤」總是得付出代價的(Coffield et al., 2004; Pashler et al., 2008)。同時,有些腦神經學家(如Willis, 2006, 2007)提出,當個體以多元模式吸收探索訊息、並且有機會以各種方法工作時,學習是比較自然且比較持久的。此外,大家普遍同意性別和文化確實會形成個體的學習方法,但是如果持續關注下去,就會發現並非所有相同文化或相同性別的個體都會以同樣的方式學習。

對於學習風格的評量及使用評量結果的訊息,最好的做法大概包括以下幾項「應做」與「不應做」的項目:

■ 不要使用缺乏效度與信度證明的工具來評量個體的學習方式或智能偏好。

■ 不要把學生分類為或貼上是某種或某類學習者的標籤。

■ 不要總是以你最有把握的方法教學。

■ 要好好研究什麼能幫助你的學生成功，以及什麼會阻礙他們成功。觀察記錄學生在擁有學習選擇時所做的決定。要求學生告訴你，哪些你課堂上的教學方法最能有效幫助他們學習。要與家長談話，從他們的洞見中受益，以瞭解學生如何能夠學得最好。

■ 要透過多元模式呈現教學內容。

■ 要提供學生機會理解概念和技能，並且讓他們以各種方式展示他們所學。

■ 要幫助學生明白他們可以用各種方式學習，並且幫他們覺察一個學習方法在哪些時候有助於他們學習，在哪些時候則沒有，以及在必要時，他們要如何改變方法。

　　有效的差異化教學包含彈性的分組、一貫地使用各種教學途徑、有變化地使用媒體支援教學、多重表達想法及展現學習的選擇、彈性分配時間及資源等等。不必使用缺乏可信度的評量工具，也不用在學生身上貼標籤，以上這些事情我們都做得到。

使用評量訊息來計畫教學

　　如同早先在討論學生準備度時所提到的，我們目前對於學習過程最佳的知識指向了一項事實：學生在某個時期對於學習某學科內容的準備度，會是影響學業成就的一項重要因素。換句話說，為了幫助學生達成他們所需的以及值得的學業進步，教師必須要瞭解並處理學生準備度的需求。這並不是說每一課的每一個元素都必須完美符合每位學生的需求，而是表示教師需要瞭解並且準備好要處理學習的一般程序、知道學生在某個時期的起始位置、並且準備好幫助學生從他們的起始點向前邁進。

　　在學生學習成就方面，興趣和學習風格所扮演的角色與準備度相似，但又稍有不同。以學生興趣及學習風格來施行差異化教學，會帶來兩個重要的成果：學習動機，以及學習效率。有些學生只有在他們能夠將學校教育連結到自身經驗、背景或相似性時，才會覺得「學校教育」有用；有些學生則在他們能把學習內容連結到自己的興趣時，才能很快地或全然地理解這些學術性內容。對某些學生來說，有機會起身動一

動、與同儕互動、或在寫作之前先畫畫，這能開啓他們投入學習的契機。對於這些學生而言，以興趣爲本或以學習風格爲本的差異化，扮演著重要的角色——在許多層面上，它不只像以準備度爲基礎的差異化一樣重要，也與準備度爲基礎的差異化緊密相關。對於其他學生來說，帶著興趣學習或以特定方式學習的機會，可以提升以準備度爲基礎的差異化效果。無論在哪一種情況下，教師對於學生的興趣和學習方法所知的訊息，都能使他們能夠開始設計適合學生目前程度的學習經驗，幫助他們進步。

如果教師知道數學課的某一群學生是某種音樂的樂迷，他可以讓學生拿他們喜歡的這種音樂節奏，跟另外一種完全不同的音樂互作比較，並使用分數來表達節奏。事實上，有一個研究（Courey, Balogh, Siker, & Paik, 2012）發現，來自多元文化及社經背景的公立學校三年級學生，他們以實際接觸音樂的課程代替某些數學課的學習分數，結果會得到較高的測驗成績。這些學生連續六週，以一週上兩次課的頻率學習音符、分數符號、以及音樂領域

的分數概念。他們的分數概念及分數運算，比起其他只學分數的學生的表現要好得多，而這項實驗的效應相當高。

獲知班上有學生來自於不同的文化背景，可以幫助英文老師從那些學生出身的文化中挑選出一些選文，以配合課堂上指定閱讀的《羅密歐與茱麗葉》。觀察到班上有些學生在整堂課討論中都沉默寡言，則可以鼓勵教師用「思考─討論─交流」的方式作爲課堂討論的基調。

很少有教師會在每個單元開始時，就進行興趣與學習風格的前測。針對興趣與學習風格這兩個部分的正式資料，教師可以在一個學期裡蒐集一到兩次，以整年的對話和仔細觀察累積正式的資訊，並且定期從學生那裡得到回饋，進而瞭解自己課堂上哪些教學有效、並得到更適合學生學習的建議。

當教師爲了呈現教學內容而在選擇範例、說明與類比的時候，當教師在設計能夠連結學生經驗與渴望的學生作業的時候，以及當教師把學生分組的時候，學生的興趣很重要。我會把順序調整成：在教師選擇該如何呈現教學模式、在他設計能夠讓學生以多種方式探

索概念且表達的作業、以及在他幫助學生進入學習的內容與將他們分組的時候，學習的風格很重要。請謹記，在有效的差異化教學中，彈性分組扮演重要的角色。就準備度、興趣及學習風格而言，分組應該常常改變，並且應該讓學生有機會跟準備度、興趣及學習風格與自己相同和不同的同儕一起學習。

設計評量時，謹記學生的個別差異

評量（包括前測、形成性或持續性評量、以及總結性評量）唯有在特定的時間能夠透露出一個學生知道些什麼、理解些什麼、還有他能做些什麼，才算得上是個有用的評量。如果一個三年級生對於水循環有完整的認識，但她卻無法流暢地書寫出來，那麼一個要求她寫下一段敘述水循環的文字評量，並無法幫助老師瞭解學生對水循環的精熟度，更別提這讓該生有多受挫了——她既清楚自己瞭解水循環有哪些重點，也明白自己無法好好書寫的能力會使得她無法表現出自己擁有這項知識。

每個評量都必須差異化，聰明的

教師要考量到：只進行差異化教學來支持學生學習，卻忽視在形成性或總結性評量方面照顧學生的學習差異，這還是太過短視了。差異化評量並不是指我們要做出好幾份不同的評量，而是指確保所有的學生都有機會展現他們的學習成果。

在進行差異化評量時，無論在哪一種評量中都要始終如一的特質是：要測量學生應該要會的知識、理解和技能。在這項準則中，唯一的一個例外是個別教育計畫（IEPs）下的學生，他們有不同的課程或不同的一套目標。在這種情況下，評量當然應該反映該生的指定學習目標，而不是別人的目標。除此之外，修改評量的任何其他特質都是可以允許的，只要能幫助學生理解評量的指導語和項目，或者增加學生能透露自己已學會的可能性。

比如說，以口頭記錄或用電腦輸入答案來取代手寫，可能會對某些學生有幫助。以學生的第一語言所寫下的指導語，可能會對某些學生有利，因為他們才能夠瞭解任務的本質。在評量中使用比較複雜的語言則可能對某些學生有利，因為這種語言對他們進階的學習程

度有適切的挑戰性。另一方面,用比較簡單的語言或條列式書寫的評量,可能對某些學生有利,因為他們讀不懂長篇大論的敘述。對某些學生而言,給他們多一點時間完成評量,或讓他們一次完成一部分,他們才不會感到困惑或不堪負荷,而這麼做是有道理的。表3.3簡要地解釋了舉例與說明的形式如何關照學生語言精熟度的差異。即使不是每個人都得回答同樣的問題,這也沒關係,如此一來,挑戰度才能符合學生的發展,只要評量的各個版本都能測出同樣的KUDs即可。

在一些非常強調標準化測驗的學校裡,教師很容易斷定他們平時的評量都必須很接近學年末的標準化測驗,如此一來,學生才可能「準備好」去考試。的確,在這樣的情況下,幫助學生學習如何在這一類的考試中盡全力表現,這會是一個明智的決定。但是我們不應該忽略一個事實,那就是,如果所有的教學都被某個有限並且設限的考試形式所剝奪,那麼學生的學習經驗將更加被限制。簡單扼要地說,循環式教學的目的(包括評量)在於幫助學生學習。如果我們教學與評量的方式能幫助他們學得

更好,比起我們堅持以狹隘且對他們無效的方法繼續教導下去,他們在標準化測驗當中的表現可能會更好。當學習對學生有效時,學生很可能更有能力及更有自信去面對考試,並且結果也可以比預期的更好。此外,學生也更有可能將學習視為一個正向的經驗,值得一再重複,而非逃避。

設計並且使用前測:快速回顧

圖3.2摘要整理出前測的元素與目的。此圖強調前測在決定學生準備度、興趣、學習方式的角色。

在這個時間點實行前測,很明顯地需要教師周詳的計畫,如此一來,得到的訊息才能被有效地用來幫助教師做教學的決定。設計高品質的前測,需要教師回答下列問題:

- 哪些是KUDs:形成本單元核心的重要知識、理解和技能是什麼?
- 學生要能成功地學習這個單元,他們需要具備那些先備知識、理解和技能?
- 學生對此單元通常在知識、理解和技

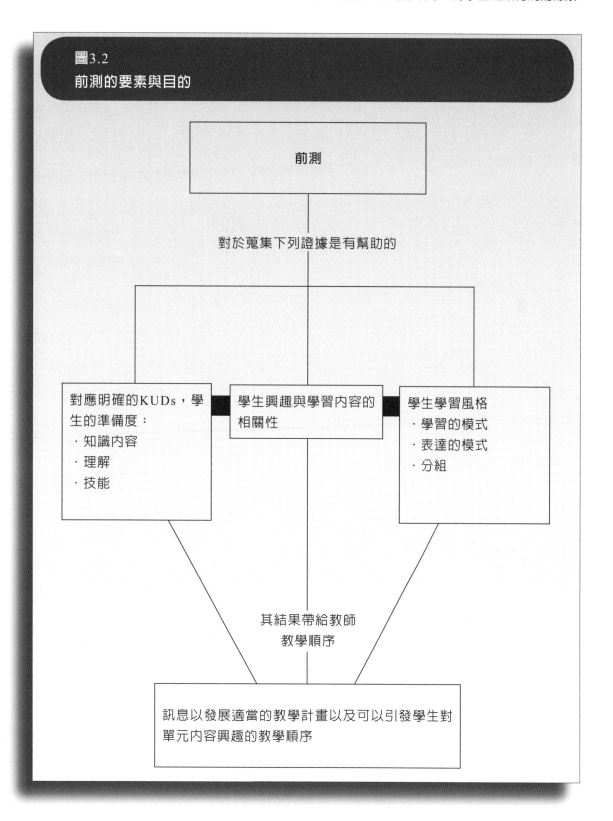

圖3.2
前測的要素與目的

前測

對於蒐集下列證據是有幫助的

對應明確的KUDs，學
生的準備度：
・知識內容
・理解
・技能

學生興趣與學習內容的
相關性

學生學習風格
・學習的模式
・表達的模式
・分組

其結果帶給教師
教學順序

訊息以發展適當的教學計畫以及可以引發學生對
單元內容興趣的教學順序

能上會有哪些錯誤的認知？

- 我可以問哪些問題，才有辦法恰當地取樣本單元的KUDs、重要的先備知識、以及普遍的錯誤認知？

- 要花多少時間做前測才合理？

- 前測應該用一次、還是分多次舉行？

- 前測應該在新單元開始之前多久舉行，我才能有足夠的時間檢閱、省思、並且考量前測的結果而來做課程設計？

- 有沒有學生可以從前測的寫法、設計、以及舉行方式的差異化當中受益？

- 前測指出了哪些存在於班上學生之間的重大差異，而這些差異跟KUDs、先備知識、理解與技能有關？

- 以重大差異為基礎，一位學生或一群學生在新單元開始時，他／他們需要什麼樣的協助，才能讓他／他們向本單元的重要目標邁進時、甚至在恰當的時候，超越這些目標？

- 我對於學生興趣逐漸增進的理解，能夠如何讓我去幫助學生將本單元的重要知識、理解和技能連結到他們的生活、經驗、優勢及熱情？

- 既然我知道學生學習的各種方式，那

麼我可以怎樣去設計教學和學習任務，好讓學生有充分的機會吸收並理解他們正在學習的單元，讓學習的過程對最多樣的學習者來說變得更吸引人並且更成功？

兩個案例

以下為前測的兩個例子：一個發生在小學教室，另一個在中學教室。（在談形成性評量的第4章中，我們會繼續討論這個中學教室的市場研究案例，以說明為了教學而使用評量，將會如何持續影響整個學習單元。）這兩個例子都示範了教師如何把修正教學以處理學生的準備度作為他的目的，而設計前測及使用前測。

對二年級生判讀時間所做的前測

Palmer老師的二年級生很快就要開始學習判讀時間，對這些學生來說，這是第一個針對此主題的正式單元。此單元是以下列數學科的共同核心標準為本：

學生能判讀並書寫五進位的指針

和數字時鐘時間，並且能區別上午及下午。

Palmer老師為本單元設計了以下的重要議題和KUDs：

重要議題：

為什麼全世界的人都用時鐘？

知識：

■ 主要字彙：*鐘面、指針式時鐘、數字時鐘、判讀時間、小時、分鐘、秒、早上、下午。*

■ 時鐘幫助我們判斷時間。

■ 早上有12個小時。

■ 下午有12個小時。

■ 一天有24個小時。

■ 一小時有60分鐘。

■ 半小時有30分鐘。

■ 四分之一小時是15分鐘。

理解：

■ 判讀及書寫時間有其格式。

技能：

■ 從數字及指針時鐘判讀時間到小時、半小時、四分之一小時及五進位分鐘。

■ 寫出數字及指針時鐘的時間到小時、半小時、四分之一小時及五進位分鐘。

■ 正確使用上午和下午來書寫和判讀時間。

■ 解釋並運用判讀和書寫時間的格式到小時、半小時、四分之一小時及五進位分鐘。

為了前測出學生判讀時間的準備度，Palmer老師為學生製作了一個分成兩個部分的練習。她給每位學生一張紙，在紙上面畫了一個大圓，然後要求他們畫出顯示6點鐘的時鐘。她也要他們在紙張的背面寫下他們對於時鐘和時間知道些什麼。因為她的學生還沒有正式地在學校學習判讀時間，所以，她認為在圓裡畫出時間這個任務本質和寫下對於時間的理解這樣開放性的任務，可以透露出某些學生對此單元的先備知識，以及透露出許多學生可能對於判讀時間所產生的需求。圖3.3表示班上六位學生的回答，並且清楚地呈現單元開始時，學生準備度的大幅差異。

在檢閱前測時，Palmer老師發現有些學生對鐘面的結構不太清楚；有許多

學生可以畫出正確數字位置的鐘面，但是他們把長短針混淆了；有一些學生可以把長短針的位置畫正確；有些學生似乎知道分鐘位置，但無法自信地標出來；一些學生自信地標出分鐘位置，但卻標錯了；還有幾個學生可以把分鐘位

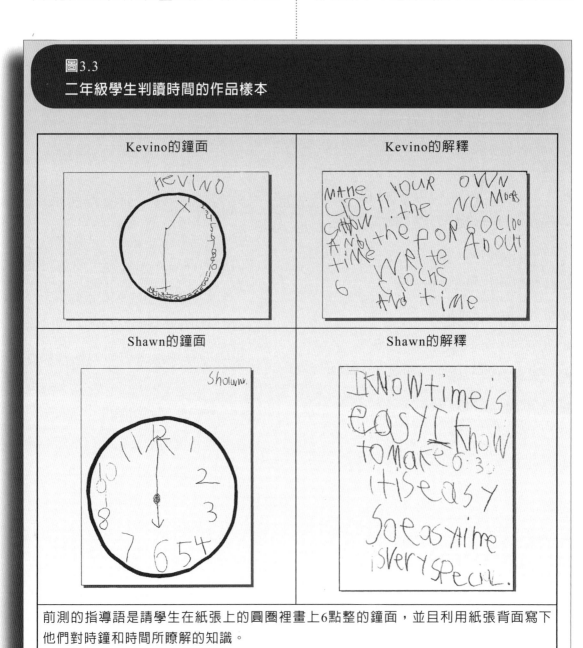

圖3.3
二年級學生判讀時間的作品樣本

Kevino的鐘面	Kevino的解釋

Shawn的鐘面	Shawn的解釋

前測的指導語是請學生在紙張上的圓圈裡畫上6點整的鐘面，並且利用紙張背面寫下他們對時鐘和時間所瞭解的知識。

圖3.3（續）
二年級學生判讀時間的作品樣本

Tori的鐘面	Tori的解釋
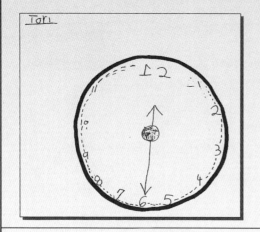	we eat lunch at 11:30 we eat ot of Sgol at 3:20. we eat in gol at P:00

Shaun R. 的鐘面	Shaun R.的解釋
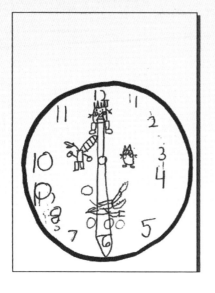	6 o'Clock moms up 5 o'Clock DaDs up 7:15 Shaun R up 9 30 Kayll 8:30 Bcb 9 o'Clock school 10:30 Snack 11:30 Lunch 4 o'Clock home

前測的指導語是請學生在紙張上的圓圈裡畫上6點整的鐘面，並且利用紙張背面寫下他們對時鐘和時間所瞭解的知識。

圖3.3（續）
二年級學生判讀時間的作品樣本

Chelsea的鐘面	Chelsea的解釋
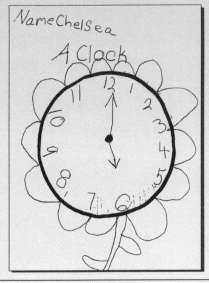	a Clock helps you tell time Clocks are fun 60 minit it 7 over I can Read from the Mikeell Wada # wock at 6:00 and MY MOM was Late for work

Lianne的鐘面	Lianne的解釋
	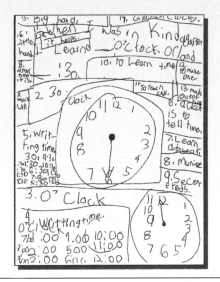

前測的指導語是請學生在紙張上的圓圈裡畫上6點整的鐘面，並且利用紙張背面寫下他們對時鐘和時間所瞭解的知識。

置正確地標出來。除此之外，她也注意到幾位學生對於時鐘和時間提供的有效訊息很少，有些學生的訊息是正確的、但內容有限，還有幾位學生似乎相當精準地瞭解時鐘的功能，並且能正確地寫下時間以及按時間順序安排一天中所做的事。而有一位學生的程度似乎比我們一般對於二年級生期待的程度，要來得進階許多。

在單元開始時，Palmer老師使用前測的結果，把對於五進位數及上下午判讀時間有不同準備度的學生們，安置在各個學習中心工作。在學習中心裡，隨著學生的能力增加，他們從一站移到另一站。此外，學生每天都要和與他們準備度相似的夥伴或三人小組一起玩判讀時間的遊戲。這個遊戲的指示是以學生目前判讀時間的發展狀況為本。全班則一起解「時間之謎」，寫出一天行程的時間並且設定時鐘，教師會點名個別學生到教室前方，要他把時鐘的時針和分針擺放在紙板時鐘上正確的位置，而教師的出題是依照學生的準備度。學生們也要列出時鐘如何幫助他們以及其他人（包括故事裡的角色）將日子過得更好。後續教學部分的形成性評量，則會

幫助Palmer老師和她的學生理解他們在這個單元的KUDs的成長（通常會超越KUDs），並且進行規劃。

六年級市場分析單元的前測

Horner老師的六年級學生馬上就要開始學習市場分析的單元了。她知道為了讓學生有最好的機會來專注學習接下來的單元，她必須用有系統及支持性的方法安排標準，並且創造出一個背景脈絡，讓學生以對他們自己有意義的方式運用所學。她決定在單元一開始就介紹實作評量的概念，在其中，學生要設計並且做市場調查，因為要學生運用他們所學的方式，很有可能會吸引她的六年級生。在整個單元中，學生在設計與執行調查、磨練寫作技巧、以及精熟與機率有關的單元內容時，將思考並且準備他們的實作任務。這個單元將以下列KUDs為基礎：

知識：

■ 主要字彙：*隨機取樣、訪談禮節、被除數、商數、分子、分母、直方圖、統計圖表、柱狀圖、X軸與Y軸。*

理解：

- 資料可以用許多形式呈現。
- 分數、小數與百分比是相關的。
- 特定的採樣策略會增加較小樣本對象的概化。

技能：

- 能針對一個對象採樣以回答特定的研究問題。
- 藉由使用調查或訪談蒐集資料來取得訊息。
- 將原始數據透過正確的小數、分數及百分率計算，轉換爲有意義的形式。
- 解讀資料（文字和數字）的意義和涵義。
- 以清楚、簡明的格式組織資料。
- 以敘述的方式重現資料。

　　Horner老師把KUDs和相關的單元，組織成四個教學階段，就如同下一章市場分析單元所呈現的那樣。爲了瞭解學生的起始點，她發展出前測，爲四個階段蒐集資料。她不打算用選擇題的形式，以免學生可能在某些題目是猜對的。她也計畫在單元開始後，利用持續的評量來蒐集其他在這四個階段的資料。Horner老師原本可以在開始教某部分前，就立即舉行與該部分相關的測驗。然而，她選擇在一開始就先取樣學生對整個單元的精熟度，如此一來，她便能大致地瞭解學生的優勢和劣勢，這能讓她在單元一開始就決定她的步調，並且開始思考整個單元的教材、教學與學生學習的機會。

市場分析單元

　　四個教學階段：

1. 資料蒐集：資料採樣議題、訪談。
2. 資料分析：分數的計算、小數、百分比、解讀訪談結果。
3. 資料的呈現與報告：柱狀圖、線形圖、直方圖、陳述式報告。
4. 資料解讀與結論。

　　前測：

1. 下圖代表何種圖表？
2. 下圖給你哪些關於眼睛顏色的訊息？
3. 以下爲不同學生正確背誦一首短詩需要重複的次數：

17, 11, 10, 9, 6, 14, 10, 9, 8, 5, 12, 10, 9, 4, 11, 10, 9, 6, 3, 18

將資料整理爲圖表。

母體數 = ＿＿＿＿＿＿＿＿

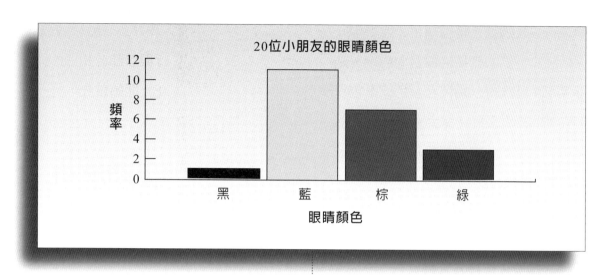

平均值 = _____（寫出計算過程）

眾數 = _____

4. 有多少百分比的學生需要重複11次以上才能完整正確背誦？（寫出計算過程）

將百分比化為最簡分數。

將分數化為小數。

5. 以下何者為敘述性的研究最重要的部分？

a. 隨機取樣

b. 抽樣

c. 縱貫性研究方法

d. 獨立變項

用你的話解釋你在第5題所選答案的原因。

6. 做出一個可以用研究檢驗的假設。

7. 為何在Seminole路上的A & N商店，與在市區購物中心A & N商店賣的商品不同？

當Horner老師檢閱前測時，她先讀學生第5題和第7題的答案，因為那和資料蒐集的主題相關，並且特別與採樣有關。那是學生將學到的第一個主題，所以，她必須立即瞭解他們各自對應於這個主題的起始點。她發現學生的回應點出她應該使用兩種教學分組：一種是對蒐集資料沒有清楚概念的學生，另一種是有清楚概念的學生。

單元開始時，她向全班介紹實作評量，以及他們將用來作總結性評量的評量基準，然後她教全班抽樣、設計研究

問題、以及調查，這樣學生才能準備好開始計畫他們的總結性任務。再來，她提供學生好幾份分別裝在藍色或黃色資料夾裡的學習契約。拿到藍色資料夾的這組學生契約，內容聚焦在瞭解並有效地使用與蒐集資料和取樣的基礎知識、理解和技能。黃色的學生契約則聚焦於分層隨機抽樣，這是比較高階而複雜的資料蒐集以及採樣的運用。

這個資料蒐集及採樣的單元會連續上滿五堂課。在契約開始前的那一堂課，Horner老師向學生介紹契約內容，並且跟他們談作業的準則及她對他們的期許。她也告訴學生，她將利用兩堂課的部分時間與黃色契約組面談，其他時間則與藍色契約組面談。在這些小組時間當中，她會直接進行教學，並且讓學生講述與他們的契約要求相關的資料蒐集以及採樣部分。在五天之中，如果學生沒有和教師面談，他們也沒有合約以外的功課要做，他們就得為總結性實作任務所做的調查開始去設計問題。

以上兩個小學及中學的例子都顯示出，細心的課程設計需要創造出並執行好成功的前測。雖然這樣的設計似乎很花時間，但是這種前測所產生的可貴訊息可以帶來更有效率及更有效果的教學。

第 4 章

持續性評量：
在教學過程中瞭解學生定位

唯一辦事聰明的是我的裁縫師：他每次見到我，總要把我的尺寸重新丈量一番，而其他的人老抱著舊尺碼不放，還寄望那尺寸適合我。

——蕭伯納

這幾年來，我（作者Carol）在維吉尼亞大學博士班授課，內容複雜又緊湊。在正式向修課學生介紹課程之前，關於這堂課的小道消息已讓他們焦慮萬分：每一週，學生必須就指定議題撰寫報告，闡明對該主題的理解；尋找、閱讀、並整合與議題相關的當代思考觀點，提出可行的解決方法。每次上課前，我會發回前一週的報告，課堂總是瀰漫著緊繃氣氛；倘若等到課上完才發還，學生大概很難專注課堂思考了。一上課就發還報告的缺點在於，無法阻止學生相互比較成績。我花費許多時間回饋學生的報告，但通常對學生而言，分數才是一切。

新學期開始，一想到新修課學生可預期的緊繃態勢，我發現自己也跟著緊張了起來，因而決定要「微調」這門課的帶領方法。第一堂課，我告訴學生，每週上課一開始會發還前一週的報告，同時附上教師回饋，希望能明確、具體地點出學生報告的脈絡，以服膺這

門課評量規準中強調的理解與技能。我會給學生十分鐘重新閱讀他們的報告，檢視回饋，並請他們寫紙條告訴我，回饋中哪部分是明確、有益、能助其達到目標，同時也請他們指出我哪些地方未能協助達標。關於後者，我鼓勵學生在課堂上當場表達或下課後與我晤談。隔天，每位學生需繳交一份具體計畫，說明在下一份報告要如何因應我所給的回饋；換句話說，為了進步，應該再有什麼作為。之後的報告，我會就他們計畫實踐程度予以回饋，同時也持續回饋學生在閱讀、思考及寫作發展的培力。

我告訴學生，這樣的訓練雖不能保證他們可成為大師能人，但此門課所強調的技能是進階研究課程裡非常重要的一環。我也告訴他們，如果他們努力完成報告，抱持開放心胸跟我討論，我可以預見他們在領域中明白自己的任務，看見自己顯著成長。

學期結束時，我讓學生彼此回饋期末報告的初稿，討論最終如何呈現，唯有如此，他們才得以明白技能養成及精煉的持續性過程。最後，我請每位學生將評量表當作分析的工具，設計出一份期末報告的評量機制。學生的自我評估均明顯達成目標。當我發還他們的期末報告，同時附上分數及回饋，沒有人覺得驚訝或沮喪。

那學期依舊是我大學教職生涯中，最令人滿意的一次教學經驗。學生完全專注在學習和成長，而不是聚焦在分數或現狀上。學生清楚明白課程的學習目標以及其重要性，提問內容顯得更為自由、深入，上課變得更自在。從課程初期到結束，學生的滿意度和自我效能都變得比之前修課的學生還來得大；對於困難之處，他們也不會遲疑、不承認、不解決。相較於過去幾年，此堂課使學生個人或是整體課程都明顯成長許多。此外，學生視彼此為學習夥伴，而不是競爭對手，因此亦在學期中培養了群體意識。

只要師生間有秉持著發展重要能力的共同目標，本質上，一個「小小的」改變即可釋放一切桎梏。這個改變當然指的是學習過程中扮演重要角色的形成性評量。

K-12系統在某些方面顯然和研究所課程有所不同，但在教與學的過程中卻非常相似。兩者均需要明確的學習目標，給予經常性的指導，好讓學習者不

斷朝向或超越這些目標成長，並且都要有回應，以激發出學習者的成就並提升其滿意度。在這兩種情況下，前述這些條件便描繪出教學應有的樣態了。

形成性評量的本質與影響

許多評量專家對於形成性評量的定義略有不同。雖然定義強調形成性或持續性評量的不同面向，多數專家均肯定在教與學的過程中，形成性評量的本質及目的所帶來的影響力。Dylan Wiliam（2011; Black & Wiliam, 2009）提出，就某種程度而言，評量是形成性的；相較於什麼證據都沒有的狀況之下，教師蒐集、詮釋、使用所有攸關學生表現的證據，比較能夠做出決定，使接下來的教學變得更好。換言之，「當（學生表現的）證據實際用於調整教學，以符合學生的需求」時，評量就屬形成性質（Black & Wiliam, 1998, p.140）。Wiliam還指出，教師利用評量資訊改善教學，與讓學生利用評量改善自己或同儕的學習同等重要。「學習效能高的學習者，在洞察自己的長處和弱點時，表現得最好。」（Brown, 1994,

p.9）。有鑑於此，形成性評量應經常出現在課室裡，約每週要用上兩至五次（Hattie, 2012a）。

同樣地，Lorna Earl（2003）曾為形成性評量的兩個面向下定義，包括所謂的「促進學習的評量」（assessment *for* learning）與「評量即學習」（assessment *as* learning）。同時，她還強調形成性評量過程對教師和學生的重要性。在討論「促進學習的評量」時，Earl強調教師運用自己對學生、授課內容與學習情境的認知建構評量機制，確定學習者的不同需求，並將其應用到下一個學習階段。在描述「評量即學習」時，Earl指出，學生是評量和學習之間的橋梁。學生不僅是評量的貢獻者，他們也應積極投入，讓評量訊息變得有意義，把他們的所知與明確的學習目標相連結，利用回饋來監控自己的學習，好讓他們在學習新知、增進理解和技能時，做出必要調整。

Grant Wiggins（1998）在討論他所謂「教育性評量」時，認為形成性評量是必然的，這將顯著改善學生的表現。他解釋，教育性評量應謹慎用於教學，而非只用在測驗上。它提供教師

和學生豐富、有用的回饋，同時也透過這些回饋來改善學習。它使教師和學生「準確地自我評估，同時，隨著時間而愈來愈能夠自我修正自己的表現」（p.12）。

國家協作評量與學生標準機構（The State Collaborative on Assessment and Student Standards, 2008）採用廣義的定義，界定形成性評量為「教師與學生經歷的過程：利用回饋，不時調整教學歷程，提升學生成就，達成預定的教學成果」（p.3）。這項定義強調兩個要點：第一，形成性評量是過程，而不是某種評量類型或範例；第二，學生一旦開始單元學習，形成性評量過程便接續前測隨之展開。因此，回到Wiliam的解釋，評量的持續關鍵在教學目標—— 蒐集學生需求、得知，並利用關於學生需求的訊息，調整教學計畫，幫助學生成功。

專家建議，若有效利用形成性評量，即可成為促進學生成就最有利的課室工具。John Hattie（2009）整合超過800筆後設分析研究指出，有效使用形成性評量，規模效應數值高達0.9，在所有課室工具中獨占鰲頭。（他認為，規模效應數值高於0.5的課室工具有其價值，低於0.3的則參考價值不高。下面為各項課室工具規模效應的數值比較：能力分組0.12；班級規模0.21；課後作業0.29；教學品質0.44；教師授課清晰度0.75。）

Black和Wiliam（1998）參照幾個國家對形成性評量的研究後指出，其對學生成就有非常正面的規模效應。他們特別強調，用在學習困難的學生身上，效果更加顯著，同時建議運用形成性評量來改善學習，使這些學生大有作為，縮小學生的成績差距，總體成就同時躍進。我們主張有效使用形成性評量來幫助所有學生（包括學科表現佳的學生），熟練使用具適度挑戰性的教材及任務，都能使他們成就非凡。

一份檢視形成性評量對學生成就影響的研究指出，相較於其他22種方法（包括混齡輔導、教師培育、教師經驗、暑期學校、更嚴謹的數學學習、降低班級人數、全日制幼兒園、畢業考試、高教教師證照考試，以及延長一年在校學習等）之下，形成性評量在提升學生成就方面，最符合成本效益（Yeh, 2011）。

事實上，審慎使用形成性評量是基本常識，若想大幅提升學生學習，我們必須提出明確有力的學習目標，將之牢記在心並用於教學，觀察學生狀態來檢視教學內容或學生練習，或者就評量所透露的訊息來做些什麼。教師一連串思考和規劃的，正是有效執行差異化教學的核心，也是優良教學之重要元素。

雖然持續性評量的主要目標在於蒐集資料，改善教學，更符合學生需要，另一項充要目的則是，教師可藉由評量來省思教學。事實上，Hattie（2012a）提出「教師審視自己教學所得到的回饋效力，比學生透過相同機制檢視自己學習來得大」（p.137）。教師之所以為專業人士，在於他們能夠透過檢視評量結果來(1)理解評量資料中所呈現的意義，(2)檢視學生精熟教學目標的程度，(3)尋找因教學而產生或既有的誤解及謬誤，(4)確實反思教學成效。除了揭示「對」與「錯」的答案，形成性評量資料能夠顯示哪些教學流程沒有效果、指出分組活動不適合哪些特定學生、如何妥善利用不同的教學資源，以及如何調整教學步調等等。換句話說，有效的形成性評量就像師生的雙面鏡，點出接下來可發展的方向。

形成性評量、評分與回饋

雖然用分數作為前測顯然不妥當，但對許多教師來說，專家提出關於形成性評量不該被評分的建議更難讓人理解。畢竟那意味著我們教師要定期讓學生在課堂上完成任務，卻不給他們分數。在指派回家作業時，並沒想過要打分數。但我們不難常聽到自己說：「可是如果我們不打分數，他們就不會做作業。」

在這種情況下，較具啟發性的方式是，讓不同年齡的學生去參加美式足球、籃球或足球練習，游泳比賽，練琴、打鼓或五弦琴，素描，打電玩，或參加其他無須他人打分數的活動。音樂班學生一開始跟隨提供指導的老師學習琴藝，然後他們自己練習，獲得回饋—觀看他人示範—接受引導，再度練習等等。練到某種程度，就舉辦獨奏會。演奏會這一概念對學生來說是別具意義的設計，學生透過它來展現他們在教學—實踐—回饋此循環過程中的學習成果。籃球運動員同樣也要接受訓練或技術指

導，練習技能，並在一、兩週內得到許多次的回饋。沒有任何分數牽連其中；相反地，運動員透過練習學到的技能來參加比賽，他們明白練習的品質會影響到他們的比賽結果。

事實上，幾乎每種學習情境都是成長的一部分；年輕人願意——或在大人的鼓勵下——參與其中，因為他們明白這樣做有助於他們把所練習到的運用到未來的場合。這般練習有助於比賽、或是田徑運動會、或朗誦、或音樂會、抑或是藝術展覽，而回饋則有助於練習。

在教室情境裡，我們已經在練習—回饋表現迴路中失去了兩個重要元素。首先，我們很少提供機會讓學生在緊迫情境下發揮重要技能。換句話說，我們只要求學生不斷地在場邊練習技能，卻沒有要求他們真正參賽（Wiggins & McTighe, 1998）。再者，我們並未告知學生「這場比賽」中的練習、回饋與成功之間的關聯性。對於第一點的疏忽，我們可以藉由發展實作評量或從學生作品來處理，以激發、挑戰或邀請學生投入其中。對於第二項疏忽，我們可以不時協助學生體驗過程，從隨堂作業、或家庭作業所得到的回饋，

協助他們做好接下來的隨堂作業、家庭作業、或是最後具意義的表現機會，或是協助其完成經過仔細設計、能準確評估學生所學的測驗。當成績成為學習最主要的動力來源，學習本身就會減弱。有位教育家曾指出，「如果問題為『獎賞能夠激勵學生嗎？』，那麼答案會是『當然！它們刺激學生去贏得獎賞。』」（Perricone, 2005, p.68）

常用分數擬定形成性評量或持續性評量，會發生至少三點阻礙學習的預期性結果。第一，它扭曲了學習過程，這將導致學生得出結論，認為犯了錯就會受到懲罰，而不是將之視為機會去改善（Hattie, 2012b）。第二，它讓學生更重視獲取好成績，而不是去在意學習本身。第三，對許多學生而言，它使得課室情境變得不安全——如果隨堂作業無法適度挑戰不同程度的學習者，那會讓他們感到更加不安。

教師無須替分數來設計形成性評量，而是要提供學生更聚焦、敘述性的、有意義的回饋。「回饋」一詞最初源自工程術語，意指用現有的知識來描述系統目前的狀態，以期改善未來的系統（Wiliam, 2011）。課堂上，

對於目前學生學習狀況的相關知識應拿來協助教師和學生，瞭解學生如何通往重要的學習目標，才能正面影響他們未來的學習。有效的回饋具有下列特質（Brookhart, 2012; Chappius, 2012; Hattie, 2012a; Wiggins, 2012; Wiliam, 2012）：

- **明確性**：透過回饋能讓學生理解並進行連結。（比如：「你準確說明了筆者的觀點，但你並未提及筆者申論該觀點時，使用的例證是否得宜。」）

- **建立信任度**：透過回饋能讓學生明白：教師是坦誠的，是關心學生成長的，是用心在協助他們，並深深相信學生能夠、也會根據回饋而採取行動。（比如：「請列出所有你會用到的資料，呈現關於這主題的所有看法，然後和一同與我一個個檢視這些觀點，讓我們確保你在繼續閱讀文獻之前，是在正確的軌道上。」）

- **方便使用者**：回饋是尊重、並能考慮到個體的特性與需求。它描述了需要做的事情，而不是聽起來冠冕堂皇的判斷或評價。（比如：「我可以從這篇作品看到你在使用語言描繪感官這

部分大有進步。提醒你在使用語彙時，記得使用平順的轉折語，讓你的想法和段落更為順暢。」）

- **個別性**：回饋能夠讓學生知道哪些是最需要做的，才能使其表現得更好，同時也清楚告訴他們哪些已經做得很好。（比如：「你把實驗室的步驟說明得非常清楚且容易理解。你還要充分說明為什麼會從實驗中得到這樣的結論。」）

- **專注性**：回饋明顯聚焦在既定時間內所要達成最重要的KUDs。它協助學習者將注意力集中在最重要的地方，以準備好面對成長過程的下個階段。它掌控好學習的量的部分，這樣一來，無論是學生或是教師都不會感到不堪負荷。（比如：「想看看如何組織你的想法，分別列出相同處與相異處，這將有助於你的讀者想得更清楚。當你這樣做時，請同時確認所舉的例證是放在正確的地方。」）如果學生成品呈現出來是沒有重點的話，那麼就要重教一遍。此時千萬不要寫一大堆回饋的內容，那會讓學生感到無助、沮喪。

- **差異化**：回饋能夠幫助學生瞭解自己

的下一步其實與重要的學習目標是有關聯的。（比如：「你計算出來的面積是正確的，而且你可以有效地說明你解決問題的過程。爲了拓展你的思緒，請在今天的數學課堂上，想出兩個解題方法：其中一個需要用到加法和文字說明，告訴大家爲什麼你提出的答案是正確的；另一個則需要用圖形和文字解釋爲什麼你的答案是正確的。」）

- **及時性**：當學生完成作品，要盡可能使用並提供回饋給學生，好讓他們可以針對回饋內容即時採取行動。（比如：「請利用這次回饋，爲明天要談論的『合作性衝突』議題想出充分支持的論述。」）

- **邀請學生跟進**：教師透過回饋提出建議讓學生改善，而不是替學生完成其作品。相反地，那代表著學生有機會爲自己而有所行動。透過回饋，教師和學生有機會對話，學生也可以學習如何從回饋中得到的訊息來規劃。（比如：「想想看爲什麼甘地被稱爲革命家，雖說他採取的是寧靜革命。請用你的想法來下一個有力的結論，說明甘地的特別之處。」）

具有上述特性的回饋會比只給81分或打D−、甚至是A+，更有助於提升學生學習成效。事實上，有效使用回饋能加倍學生的學習速度（Wiliam, 2011）。教師會說，定期實施好品質的回饋會是「我們在課室裡要做的事，確保每個人能夠成長，亦確保每個人都知道如何成長」。好品質的回饋也同時呼應了Dylan Wiliam（2011）所提到的非常重要、卻經常被忽略的告誡：如果我們要經由回饋來促進學生學習，我們必須確保這些回饋能夠引發學生認知上的回應，而不是只引發其情感上的回應。換句話說，回饋應是設計來促進思考，而不是用來引發學生的防衛心、憤怒、沮喪、自滿、或許多較低產值的學生回應。

學生在形成性評量中的角色

如同前測，持續性或形成性評量要符合學生程度，而不是教師主觀自行設定。至少有三個原因可以說明此情況。首先，學校最主要的目標應爲培育具有自主學習精神的學習者，也就是說，要造育年輕人，使其深具信心、有能力確

72

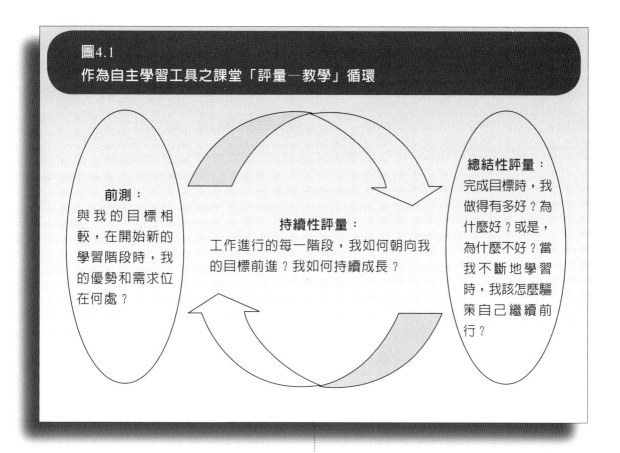

圖4.1
作為自主學習工具之課堂「評量─教學」循環

前測：
與我的目標相較，在開始新的學習階段時，我的優勢和需求位在何處？

持續性評量：
工作進行的每一階段，我如何朝向我的目標前進？我如何持續成長？

總結性評量：
完成目標時，我做得有多好？為什麼好？或是，為什麼不好？當我不斷地學習時，我該怎麼驅策自己繼續前行？

認自己的學習目標或意圖，能夠尋找、利用資源和經驗來幫助自己實現目標，能夠監控自己邁向目標的進度，調整學習過程以作為修正或達成目標的必要手段，也能夠檢驗自己是否達到或超越目標。課堂裡的「教學─評量」循環成了強而有力的方式，指導學習者自主學習的相關技能。圖4.1顯示課堂的「教學─評量」循環如何運作，讓教師得以協助學生發展出對於學習目標的意識，追蹤他們那些目標的進展情況，尋求並

且利用回饋來加強學習，甚至評估他們在關鍵時刻成功與否。

　　協助學生培養自主學習必要的態度和技能也非常有用，因為它讓教師對於教與學的過程更具有後設認知的概念。也就是說，教師對於下列項目必須清楚明瞭：學習目標，它們為什麼值得被追求（甚至比必須通過測驗還來得重要──這理由顯然無法說服許多學生），哪些指標意謂成功，如何評估學生目前獨立學習的狀況，以及如何協

助學生自主向前邁進、同時又協助他們培養出該學科需有的重要能力。用另一種說法，如果教師想要幫助學生成為生活中的自主學習者，那麼教師就得在教學裡融入關於學習的認知目標、理解目標、技能目標，同時也要融入關於歷史或音樂或科學的認知目標、理解目標、技能目標。協助學生「長大」成為學習者，同時也讓他們的學科知識有所「成長」，皆有益於他們精熟重要的學科知識、培養全人發展。若讓教師意識到學習如何持續，就能讓他們意識到如何帶領學生習得那些重要技能。

最後，教會學生協助彼此評估他們學習重要學科目標的成長狀況，這在幾個層次上是有益的。當學生與同儕一起討論目標，對於同儕作品進行回饋時，他們會比只專注在自己的作品時，更加意識到達到成功之目標及其標準。學生意識的提高，有部分原因可能來自於與同儕對話的「排練效果」，或是來自於其責任感，想要正向影響同儕，助其成功。當中有些好處，無疑地也可能是因為看了其他學生的作品——無論是正面或是負面影響——讓他們對自己的作品以及目前自己的位置有了更清楚的瞭解。

形成性評量與其他差異化教學的關鍵要素

試想差異化教學課室裡五個重要元素：學習情境、課程、評量、教學、以及領導／管理，這些元素就像齒輪般相互依存轉動著，而每個齒輪又影響其他四個齒輪的效率及有效性。請接著再思考形成性評量與這五個元素之間的關聯。其中最令人驚訝，也是最沒被大家想到的，影響形成性評量的竟是學習情境，這當中包括了學生和教師的思維模式。形成性評量在差異化教學課室裡有助於建立起安全感，因為學生在被評量或被打分數之前，能有機會練習，可以犯錯並且從中學習。再者，當學生可以獨自又能和同儕為了學習而進行評量，或當他們為了彼此成功的目標而學會評量自己作品或同儕作品時，師生則因有了共同目標而形成一個團隊共事。他們建立起該群體意識或形成一學術家族，象徵著「成功的文化」（Black & Wiliam, 1998, p.142）。

此外，成長型思維模式並不是從

仙塵幻化出來，故不能太過樂觀。不能期待學生為了成功，會去相信教師要他們完成作品所帶來的成功或改變，他們得親自體驗那改變的好處（Black & Wiliam, 1998）。成長性思維模式開展的前提是，當教師接受了每個學生都能透過有所要求而達到成功，但那也必須是教師提供機會讓學生漸漸成長、邁向成功，並深信學生可以真的成功才行。同樣地，對學生而言，成長型思維模式即是成功之下的產物。有效使用形成性評量，對於學生努力實踐的過程非常重要，讓他們有機會從努力與自我修正中學習，以促使他們為了下一個實踐而努力等等。有效使用形成性評量可以讓學生明白，教師是專注聆聽學生的，希望他們成長，也提供特定的支持和指導使其成長（Hattie, 2012a）。

形成性評量和課程之間的關係是清楚且必要的。若課程沒有明確的目標，那麼形成性評量就可能無法聚焦於課程與教學。另外，正如同布Black and Wiliam（1998）所指的：

只有當學生非常清楚自己學習過程中要獲取的目標圖像為何時，他們才會知道如何評估自己的表現。令人驚訝也感到可悲的是，許多學生並未清楚明白這圖像……。當學生真的明白了學習目標的概念，他們更能致力於學習，學習也會更有成效。（p.143）

當然，有效的差異化教學和形成性評量密不可分。教師建立明確的課程目標、使用形成評量來瞭解學生在學習歷程中，相對於學那些目標，他們所在的位置，而差異化教學只是下一步要做的事而已（Earl, 2003）。並且，差異化教學必須倚賴前測階段和持續性評量過程所產生的訊息，否則它將無益於教學。Hattie（2012b）觀察到，「若想讓差異化教學更加有效，教師需要知道每位學生學習的起始點，以及明白個別學生學習旅途過程的所有狀況，使其往課程標準前行。」（p.98）他的結論是，立即性回饋的形成性評量對教師而言，顯然是一個強而有力的教學工具，可以用來瞭解學生或知道如何協助學生達成目標。

最後，除非教師可以幫助學生明白，建立一間讓全體學生成長、且擁有運作良好的常規使彈性化學習得以進行

的課室是必要的，否則差異化教學不可能發生，而且透過形成性評量提供的學生不同學習需求之證據，也無法用來幫助教師和學生提升其學習成果。

持續性評量類型

在第3章曾提到，有許多適用於前測階段來評估學生準備度或興趣的方法，其實也可以用在持續性評量階段，例如：非正式或間接策略，如手勢、回應卡，或非正式談話與探訪，抑或直接、正式的策略，如興趣調查，弗瑞爾象限圖（Frayer diagrams）、日誌寫作提示，系統性觀察及訪談、測驗，或是「舉例與說明」活動。某些表格甚至常在持續性評量階段使用，尤其是關於學生準備度這方面。表4.1列舉並介紹了一些在持續性評量階段較常使用、比較直接的或正式的策略。教師應根據學生的需求、授課內容、以及自己課室的特殊情境，隨時調整他們的策略。列舉在這裡或是第3章的例子，只是一小部分可用的範例。要謹記，事實上所有學生的產出（包括課堂實作和回家作業），都可以作為形成性評量。在此要提醒的

是，重點不在於持續性評量需採取何種類型，而在於使用該評量背後之意圖，以及如何透過該評量匯集學生的想法。此外，重要的是，要知道不是每份學生的作業都是一項評量。有些作業，也可能很多作業，僅在協助學生弄懂重要的學習內容。有時候，作業的目的只是想知道學生有多瞭解重要的學習內容。前一種情況下的作業僅是實作而已，而後者即為形成性評量。

認識持續性評量

跟前面一樣，在此章節裡，許多探討的、可以有效運用於前測階段的概念，同樣也可以用在持續性評量階段。若想把持續性評量得到的訊息成功地運用在教學計畫上，就得從設計評量開始，因為那和課程設計有極大關係。有兩項關鍵因素在教師開始利用評量之際便已早早發生，它們旨在協助教師理解持續性評量所提供的訊息並用來規劃教學。這兩項關鍵要素分別是確保目標明確，以及瞭解教學流程。

表4.1
持續性評量之直接或正式策略

網絡圖：學生針對教師提出的主題或問題，單獨完成網絡圖。教師依據先前設定好的標準來檢視並評估每位學生的網絡圖，以評斷學生對於該主題或問題的熟練程度。

反思卡：針對當天授課內容，教師提出一至多個相關的問題，讓學生在索引卡片、紙條或便利貼寫上簡短回應。學生離開教室或等待下堂課時，將反思卡繳回。

3-2-1卡：這也是一種反思卡，學生針對問題或提示寫下三個回應，接著兩個回應，接著一個回應。舉例來說：寫出美國參加第二次世界大戰的三個最重要原因；寫出美國加入二次世界大戰，不同於加入第一次世界大戰的原因兩點；關於美國捲入二次大戰，請學生提問一個有關美國捲入二戰的問題。3-2-1卡也可以採取1-2-3順序，也可以用不同提示來進行。

先備知識紀錄卡：學生進入教室要針對所張貼的問題提出回應，並在上課開始前交出來。一般情況下，該問題內容與回家作業有關，或是涉及前一天授課內容之重要部分。

POE練習：教師示範，閱讀文章段落，或描述一情境題，然後要求學生寫下預測（P），看看接下來會發生什麼事。之後教師再繼續示範，閱讀文章段落，或描述情境，讓學生觀察（O）實際上發生什麼事。學生接著說明（E）為什麼他們最初的回應是正確或不準確。

快速檢測（Whip Arounds）：針對學生可能理解或誤解之處，教師提出問題，學生用一個句子來回答。學生花幾分鐘寫下他們的答案。接著教師示範如何進行，學生必須按指示口頭分享，依照指定的順序讀出其回應。當學生朗讀回應時，教師在學生名單旁邊用指標註記學生回應的品質（如：1＝非常瞭解，2＝瞭解，3＝一點點瞭解，4＝不甚瞭解）。

熟練檢測（Windshield Checks）：以開車來做比喻，教師要求學生從三種擋風玻璃條件中選擇一種，用主題、技能或手邊的資訊來描述他們目前的狀況。乾淨的擋風玻璃代表學生可以清楚看到學習目標並理解它。「越野車」級的擋風玻璃代表學生可以看到目標，但卻對一些元素或部分內容不清楚。被泥巴覆蓋住的擋風玻璃表示學生不理解該主題或技能，或是目標一點都「看」不清楚。熟練檢測是學生自我評估的一種方式。教師可以用不同的比喻來進行。例如：以「天氣報告」的比喻讓學生評估自己對於主題或技能的熟練度，指標可以為「晴朗的天空」、「少數高雲」、或是「霧氣和煙霧」。

表4.1（續）
持續性評量之直接或正式策略

回家作業：一般而言，回家作業應是提供機會讓學生練習他們尚未精熟的知識、理解或技能。透過此方式提供重要的訊息給教師，好知道哪些學生做了卻沒掌握好的地方。因為回家作業只是練習，所以不應被評分。有效回饋回家作業能協助學生瞭解如何在學習過程中持續向前邁進。

隨堂測驗：不論是簡答題或是開放性回應，這兩種均可以設計來揭示該學習單元的知識、理解和技能。隨堂測驗仍應被視為練習而不被評分，雖然說學生經過充足練習，於單元學習完畢時的「總結」或「檢覈」階段，將公開的隨堂測驗拿來評分是可以接受的。

確保目標清晰

有效使用持續性評量，需要清楚明確的、界定好的學習目標，以及為了成功達標而設定的標準，並且該學習目標得在教學開始之前跟學生說明白。用明確、界定好的學習目標來支持接下來的每件事：選擇合適的學習內容，設計教學活動讓學生得以學習該內容，並制定、說明教學週期間所使用到的評量。當目標不明確或無意義時，教學便無法聚焦，學習也會被削弱，而且應該用來理解教學狀況的評量訊息相對起來也變得無意義。

首先重要的是，教師要能夠區分並且發展KUDs，也就是對於知識、理解、技能進行目標陳述。正如我們先前已經討論過的，知識目標涵蓋事實、詞彙、姓名、日期、地點、表列、程序——這些學習者必續用來記憶的一般性訊息。下面是有關健康的知識目標陳述的例子：「學生知道健身的構成要素。」

理解目標之陳述必須傳達出該特定的想法有多合理、為什麼我們得學習它、或是該想法如何運作。它具備著洞察力，也有助於將學習內容變得有意義。理解目標之陳述必須有「我想學生瞭解……」這樣的語幹。雖說這語幹並不一定得出現在理解目標陳述裡，但目標說明時最好寫入，如此一來，這語幹

就可以放在目標敘述的前面。以「我想要學生瞭解如何……」或「我想學生理解為什麼……」開頭的目標敘述，事實上並不是指真正的理解，因為這些目標之陳述是要留給學生去思索當中的見解及意義。當然，這過程也包括了學生可能解讀錯重點。聚焦在理解層面的課程標準可能會、也可能無法寫成有效的理解目標。若無法寫成有效的理解目標時，為師者必須將課程標準轉譯，將那些真知見解以清楚明瞭的語言表達出來。以下是關於健康重要的理解用理解目標來說明的例子：「（我想要學生理解）身體是一個系統裡面各個部分的功能相互依存」；「（我想要學生明白）影響身體系統的外力包括環境、遺傳和生活方式。」

　　技能指的是學生應能表現、行動出精神方面或身體方面的動作；而技能目標通常以動詞或動詞片語來標示出技能，或D，而不是描述一個特定的教學活動。技能目標能夠、也應該包括基本技能、批判性和創造性思維能力、特定學科技能、團隊合作能力、生產技能和獨立技能（像是後設認知、規劃，用評量標準來評估進展，發展有用的問題，

利用資源找到有效訊息）。像共同核心標準或是國際文憑（International Baccalaureate）課程標準等這些較複雜的課程標準，即便沒要求需習得全數之技能，也規範了近乎全數要學習的技能。這裡有一個關於健康的技能目標之例子：「（學生）制定健身計畫，改善受個人特定生活方式影響的健康狀況。」

　　在差異化的課室裡，除了特定需要IEP的學生，在某一學科或數個學習領域之學習目標和同儕有所不同之外，整體學生的基本教學目標（KUDs）是不變的。差異化教學提供不同的學習途徑和支持系統，讓不同學生在學術上可以達到同樣的KUDs，而KUDs要把對學生的期望拉到最高，以騰出空間讓不同程度的學習者在課室裡學習。換句話說，KUDs對所有學生來說，應包含他們得精熟的必備知識，讓學生可以習得學科內容或學會該學習單元；KUDs應包含理解力，幫助學生清楚明白學習內容的意義，知道它的重要性；KUDs應融入技能，學生在必要時可以運用習得的理解力來採取行動、應用、遷移、或者創造。精實的KUDs能夠透過不同程度的鍛鍊來達成。舉例來說，在筆者撰

寫此書之際，曾擔任數學教師、同時也在維吉尼亞大學修習博士課程的Matthew Reames，寫了關於幾何數學單元之KUDs，當中包括了基本的、引導式的問題：「我們要如何形容我們周圍的世界？」此單元中有兩個關於理解層面的教學目標敘述：(1)「測量是以數值來描述世界的一種方式」；(2)「測量單位讓我們可以有標準的方式來描述這個世界。」學生能夠處理兩個重要議題與兩個理解目標，既具體、極具探究性、又抽象精密，在此之間錯綜複雜地進行著。

同樣重要的是，我們必須知道，雖然特定的課程標準可以寫成知識性目標、或理解性目標、或技能性目標，它也可以寫成涵蓋這三個層面的教學目標。例如：美國歷史科國家課程標準（National Center for HIstory in the Schools）其中一項標準指出，學生應該知道文明的主要特徵，還有文明如何在美索不達米亞、埃及與印度河流域這些地方產生。此項標準涵蓋了知識，包括不同的文明（K），以及文明的特徵（K）；同樣也包含了理解部分，比如，這三大區域在西元四千年及三千年前代表著文化已邁向城市化的方式及原因，而且還代表著文化創新的源頭（Us）。為了讓學生充分瞭解該標準，學生必須比較不同的思想、價值觀和觀點，並分析其因果關係（Ds）。教師必須在轉譯課程標準為KUDs時，深思熟慮、好好分析，以確保他們的教學計畫能夠協助學生發展出關鍵知識，利用重要的技能來完成、應用和拓展至關重要的理解力。而形成性評量則應監控學生在知識目標、理解目標與技能目標的發展──看他們使用知識目標與技能目標的精熟度，來明白、應用並遷移理解目標這部分。

以KUDs架起來的課程較益於教與學，這對於學生有較好的連結，亦更能被評量，而不是僅只限於「課程」，僅列出課程教準、教科書內容、或是一系列活動而已。有關課程後面這三個概念雖然常見，然而事實上卻被嚴重誤解，誤會了課程內涵或其該有的內容，還誤解了課程會削弱對於學生的期盼，使他們無法成為成功的、上進的、自主的並持續性的學習者。健全的KUDs像指南針一樣，協助規劃深具意義的形成性評量（因為它們就是為了規劃有意義的

教學而存在）。學生在學習某一單元的不同階段，都應開發出知識性目標、理解性目標、技能性目標，而形成性評量則應在學習週期的適當時機，監控學生這三方面的個別發展，以及監控這三者之間關聯性的發展。表4.2提供了一個持續性評量的例子，用來評估學生是否理解下方的理解性目標之第一部分：「（我想要學生明白）文化是由其地理環境、資源、經濟、以及生活方式所形成的，而它也同時形塑其地理環境、資源、經濟、以及生活方式。」爲了完成考核，學生必須用實例說明或支持他們的想法，這就是技能性目標。如果我們想讓學生瞭解、應用、轉移，並用其所學來創造的話，我們必須評估這些能力，並同時將之放置在教學計畫的核心。

瞭解教學流程

教學流程、學習進程、或「理解階梯」（Popham, 2007, p.68），都是指「一套精心規劃、建構基礎的過程，讓學生沿途必須精熟以到達更遙遠的課程

表4.2
小學社會學科持續性評量

美索不達米亞	
教學指導說明：請從下列選項選出三個，並解釋或說明它們之間的關係。請舉出具體例子來支持你的說明。	
地理	經濟
資源	生活方式

目標。建構過程需包含形成知識所需的次要技能與知識本身」（p.83）。在多數情況下，學生漸進式地發展知識、理解或技能。

思考教學流程僅是讓教師反思當中的順序如何安排，使學生能夠以最自然、有效的方式來發展特定的技能、理解或知識本身。教學流程不該被視為是硬性的。不同課程設計者在安排教學特定順序時，也會有所不同。再者，不同學生由於不同的興趣、經驗、優勢、學習風格等等，其精熟的順序也可能稍微不同。此外，為了精熟學習內容，教學順序也不會詳盡到一小步一小步進行；相反地，教學順序顧及重要的發展或基準，以建構學生對總體概念或技能之熟練度。表4.3提供了數學學習進程例子（依據Hess的研究，2010），表4.4則顯示了語文藝術的學習進程（依據Hess的研究，2011）。

瞭解並使用教學順序或學習進程，有助於開啟對於學習的認識，認同全體學生不必依照相同速度、以相同方法、或鍛鍊到一定的程度。把學習視為一種隨著時間從新手到專家的連續性過程，而不是被侷限在以某一年級為單位而設定的標準，這項觀點是根據Vygotsky（1978）提出的「近測發展區」（ZPD），以及我們目前理解大腦學習的最新概念（Sousa & Tomlison, 2011）而來的。在差異化教學設計裡，教師會設法協助學生從目前既有的理解程度或技能，提升到下一個合乎邏輯發展的階段。就此而言，這般規劃對於以學生準備度出發的有效差異化教學來說，非常重要。它避免落入常見的（且是代價昂貴的）陷阱，像是讓學生在學習過程中欠缺至為關鍵的學習步驟，或僅只因為數月前、甚或數年前學生早已精熟「該年級水平」預設之期望，就認為學生可略過一些學習步驟，而讓他們滯留在學習的某一階段。

教學順序涉及前測與持續性評量這兩方面。首先，它讓評量的規劃變得有意義，可用來確定學生在既定時間內，他們在學習進程中的位置。教學順序或學習進程提供一種方式，思考如何在學習單元一開始、或是該單元的學習歷程，以評估學生的先備知識、理解或技能，並且利用這順序或進程作為前測與持續性評量之基礎。此外，當然，當前測和持續性評量的結果是有意義的時

表4.3
數感（Number Sense）的學習進程（依據Hess的研究，2010）

課程或年級	課程標準
代數II	理解複數系統的階層，以及元素、特性和運算三者之間的關係。
幾何	建立實數與幾何形狀之間的關係；探索無理數對於幾何之重要性。
代數I	理解實數系統的子集合與元素之間的特性與關係。
8	延伸對於實數系統的認識，包括無理數。
7	發展對於比例的理解與應用。
6	理解和使用比率、比例與百分比。
5	透過不同情況延伸對於百萬位數的理解。
4	理解百位數到百萬位數之位值。
3	理解整數至十萬位數之位值，包括所有擴展符號的算術運算。
2	理解並使用到達千位數的位值概念。
1	理解和使用數字符號與位值至百位數。
k	利用一組物品來數數，並會使用數字，包括書寫數字至25。

表4.4
語文藝術之學習進程（依據Hess的研究，2011）

年級	學習目標
9-12	確認與分析文學要素和觀點之間的相互關係，如何影響複雜性的人物之性格發展（包含動機、互動、原型）。
7-8	確認與分析如何利用文學元素（如：人物、背景、情節／次要情節）和觀點來影響人物性格的發展。
5-6	使用文本證據來支持自己的詮釋、推理或結論（如：人物的發展、觀點）。
3-4	利用支持性的證據來分析人物性格發展及特性（如：行為、動機）。
k-2	詮釋與分析文本內之文學要素（如：人物之意圖／感情、因果關係）。

候，學習進程在解讀學生目前的學習狀態，或是規劃學生接下來的學習步驟等方面都是重要的。舉例來講，利用表4.3來說明，六年級生正努力精熟三年級程度要會的百萬之位值概念，是不大可能成功學會六年級要會的比率和百分比之概念。學生在前測所透露出的學習起始點此一訊息非常寶貴，它幫助教師提供更聚焦於位值概念的學習——或許透過小組學習、透過學習契約、透過數學中心、或藉由家庭作業——以確保學生逐漸理解數感。教學順序或學習進程支持著教師，提供了Hattie（2012b）所提的「以適當的挑戰進行縝密的實作練習」（p.110）。

學習單元設計需要教師思考該學習單元之意義，還有思考該單元必備之重要知識與技能，以闡明該單元之意義，才能寫出該學習單元之目標陳述，架起它的關鍵知識、理解與技能；如此一來，教師和學生對於該單元目標會非常清楚。教師必須想辦法讓學習內容有意義，讓學生願意學習。為了習得重要的知識與技能，學習單元設計要求教師發展出教學內容、教學過程、教學成果，讓學生更加專注於理解。若打算以差異化教學來進行單元授課，教師也必須明白學習進程以及提供學生教學和實作是非常重要的，這可以使他們進入學習單元時，能更具邏輯性、平順地向前邁進。而進行差異化教學的教師也能夠說明他們如何將學習內容、學習過程與學習成果跟學生不同的興趣相結合，並創造機會讓學生接受、理解並展現出他們所學到的重要內容。

為了促進此一進程，進行差異化教學的教師會根據學習單元之KUDs，來設計前測與持續性評量，說明必要的先備知識、理解與技能。教學順序對於建立這樣的評量來說是一有效的工具。為了讓形成性評量結果（含前測與持續性評量）更具意義，教師根據KUDs分析學生的產出：學生位在「知識獲取—意義建構—遷移」這一循環的哪一處，他們在教學順序的哪一端——不論用哪種形式來幫助教師理解學生當下的發展，教師都能因之規劃好學習機會給學生個人或是學生群體，以確保他們持續在學業上有所精進。Hattie（2012b）指出：

　　課程並沒有因鐘聲響起而結束！課

程終止於教師解讀學生證據之際，看看學生在課堂上受了哪些影響，是否達到他們當初設定的學習目標，或是達到成功所設定的規準。也就是說，課程結束於教師透過學生的眼睛來檢視其學習效益。（p.145）

課程目標或是KUDs的清晰度以及教學流程，這兩者讓教師專注於分析學生的成品，讓他們從這些成品中發現線索以調整教學。本章節末提及的「案例討論」，將會說明分析學生成品與修改教學流程之間的關係。

依學生的多樣性來設計評量

所有評量的目標，當然包括了前測與持續性評量的目標，在於盡可能精準地界定學生實際學到的知識、理解與技能。基於這個原因，我們應去思考是否將評量進行差異化，讓學生有更好的機會展現他們的學習。如同前測，持續性評量也能就表達方式、工作條件、適用於特殊利益等方面來進行差異化。唯一不能改變的是以評量來考核的KUDs。有鑑於研究（如：Tomlison &

McTighe，2006）所提，適當的、具有挑戰性的、能夠觸及學生興趣的工作，或是任何讓工作持續進行，更有效提高學生學習的方式，就值得再度深思那些相同的條件是否能提升評量結果。雖然標準化考試設計不是用來處理學習者不同的準備度、興趣或學習風格，但要謹記，評量過程應促進學習才是明智之事，而不是用一年才舉辦一次的年終評量來阻礙學習；若整年度的學習過程能支持著學生達到最大的進步，一年一度的年終評量當然也可能會有比較好的結果出現。

如何設計、使用持續性評量：快速回顧

為了促進學習，持續性評量需要三大要素：(1)明確的學習目標；(2)學習者和學習目標之間的相關訊息；以及(3)採取行動，縮小差距（National Research Council, 2001）。差異化課室強調使用形成性評量之主要目的，是為了縮小差距而採取的行動。Earl（2003）指出：

評量不是用來作為分類學生的工具，也不是教師拿來逃避不去協助學生學習的手段。評量可作為驅使學生學習的機制……。尊重學生是學習者，也顧及人本精神，此為差異化教學的關鍵。當教師非常瞭解任教的學生，也清楚知道學生需要學習哪些內容時，差異化教學才有可能隨時發生。（p.87）

持續性評量當然協助教師知道哪些學生是照著「進度」前行，也知道哪些學生早已精熟KUDs，需要已規劃好的學習機會，進而延續其學術成長。簡單地說，持續性評量對於全體學生進行的有效教學的教案至為關鍵。

圖4.2概述了持續性評量之目的。

為了設計形成性評量、並且依憑該評量的結果來支持教學計畫——這即是形成性評量的核心目的——教師需能回答下列問題：

- 學習單元是否有明確的KUDs？這些教學目標之陳述，能否以適當的形式反應出三個元素（知識、理解和技能）的本質？能否反映出課程標準以及學科屬性？

- 什麼是KUDs——重要知識、理解和技能——這些都能用這份持續性評量檢核到嗎？

- 哪些先備知識、理解和技能需被檢驗，以確保學生已準備而能繼續前進？

- 學習週期裡此一時間點，哪些常見的誤解需要被檢核？

- 評量能否檢核出學生的理解、習得的知識、以及各種技能？評量能否讓學生利用這三大要素（習得的知識、理解與技能）來彼此回應？

- 評量是否反映出教學順序，以協助學習者在知識、理解、技能廣大的發展進程中，確認自己目前的狀態？

- 評量類型是否適合評量目標、受評學生、可受評的時間、以及其他情境之需求？

- 學生能否受惠於評量的差異化——此指評量的書寫方式、設計方式、或是執行方式的不同？

- 我（教師）該如何針對形成性評量提供清楚明瞭的、特定的、聚焦的、有差異化的、及時的，同時還能引發後續行動的回饋給學生，以建立師生之間的信任感？

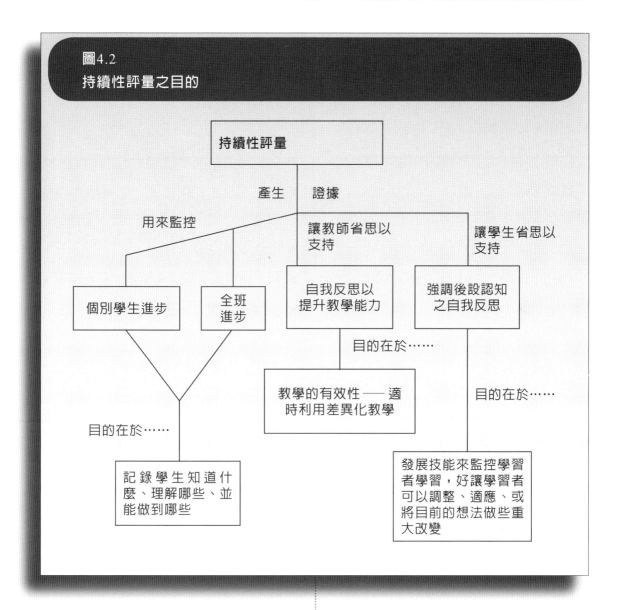

圖4.2
持續性評量之目的

持續性評量

產生　證據

用來監控

讓教師省思以支持

讓學生省思以支持

個別學生進步　　全班進步

自我反思以提升教學能力

強調後設認知之自我反思

目的在於……

目的在於……

教學的有效性 —— 適時利用差異化教學

目的在於……

記錄學生知道什麼、理解哪些、並能做到哪些

發展技能來監控學習者學習，好讓學習者可以調整、適應、或將目前的想法做些重大改變

■ 我要如何利用形成性評量的訊息來引領學生，協助他們發展成長型思維模式，更加瞭解學習過程，培養其自主學習的態度與習慣，以及建立教室內的群體意識？

■ 評量能否提供班上學生別具意義的差異性，無論是關於KUDs、學習進程、或「知識獲取－意義建構－遷移」迴路、或其他有益於教學的模式？

■ 依照別具意涵的模式之分析結果，在學習單元進行之際，學生個人或學生群體究竟需要什麼，才能讓他們成

長，朝向該單元之重要目標邁進，或在適當時候超越該目標？

- 如何把我對學生興趣之瞭解，用來協助學生用他們的生命、經驗、優勢及熱情來連結所要習得的知識、理解和技能？

- 基於我對學生使用不同學習方法的瞭解，我要如何設計接續的課程及學習任務，讓學生有機會學習、理解學習內容，使光譜上所有不同類型的學生都認為學習過程具吸引力、讓他們更為成功？

- 評量訊息在哪些方面協助我省思、並精煉我的想法及教學計畫？

兩個案例討論

下面是兩位教師的教學案例，他們利用形成性或持續性評量，以更明白如何面對學生不同的準備度及興趣。第一個案例是關於三年級論說文寫作的單元，第二個案例是延續第3章的市場分析例子。

三年級課室的持續性評量

Beasley老師任教的三年級班級正練習論說文寫作。學生在第一單元要學習論說文寫作技巧。這一單元係依據三年級寫作核心課程標準：

- 介紹學生撰寫之主題或文本。
- 陳述意見，並創作出一組織結構以條列理由。
- 提供支持意見之理由。
- 利用連單詞、片語來連結意見和理由。
- 提供總結性論述或章節。

Beasley老師針對該學習單元寫了以下的重要議題與KUDs：

重要議題：

我的寫作如何說服他人做決定？

知識：

- 重要字彙：*主題句、支持細節、闡述、總結性陳述、論說文。*
- 論說文的目的。
- 論說文的組成元素。

理解：

- 文本結構影響人們理解的方式。

技能：

- 組織一個具備主題句、相關闡述、以

及總結性句子之獨立段落。

■ 分析段落，以確定論說文裡重要的構成要素。

在前兩節論說文寫作的課堂裡，Beasley老師和學生討論他們想要別人認同他們哪些地方，請他們分享幾個三年級學生通常會關心的主題，朗讀幾個故事摘要，並與學生討論故事中的人物，或討論作家爲了說服其他人接受他們的觀點而在他處所表達的意見。他們談論「說服」（persuasion）一詞，且Beasley老師還跟全班介紹論說文包含哪些元素。Beasley老師在黑板上用不同顏色標註論說文的各個元素，並和全班一起討論。接著，學生利用論說文會使用到的詞彙，兩兩配對討論她所提供的短文。

在這時候，爲了知道學生能否利用論說文的元素來寫論說文，Beasley老師透過下面的形成性評量來看看學生理解了多少：

閱讀以下提示，並且讓我們知道你對於此議題的看法。請寫篇論說短文，讓別人知道你對所下的決定以及其背後原因之看法。記住，你的寫作可以協助他人拿定主意。請說服我們你是對的。

學校董事會開會決定，上課期間不再需要下課休息時間。他們認爲這將有助於學生將更多時間用來精進學習，而不被每天的下課休息時間打斷。你意下如何？

讀完學生作品，Beasley老師歸納出兩類學生：一類學生是能夠理解且大致上也會使用論說文的元素；另一類學生就沒辦法做得很好。爲了第二節課，她找了兩組學生——「四分之一磅」組與「大麥克」組——並設計了課程以滿足他們不同的學習準備度。

第二節課開始時，她再次介紹前測使用的主題，讓學生用「思考—討論—分享」方式討論出他們對於該主題的看法。然後讓學生兩兩配對，閱讀兩篇她提供的範本。這兩篇範本反映不同的意見，一篇是依據論說文的元素架構而成，另一篇則沒有論說文的元素。看完之後，學生一起討論他們覺得哪篇較具說服力，並且需說明理由。

接著，Beasely老師帶著全體學生複習論說文的詞彙——*主題句、支持細*

節、闡述、結論句。當她複習每項定義時，全部學生得用色筆在範本裡標記重點（綠色＝主題句，藍色＝支持細節，橘色＝闡述，紅色＝結論句）。下面即為範本：

　　　　有很多原因說明為什麼我們不該在上課期間有下課休息時間。首先，如果我們沒有下課休息時間，在學校時，我們將有更多時間完成工作而不被打斷。有時候，當我正在做很重要、很重要的工作，做到一半時，突然我們必須停下來，以致我不得不放下進度。若沒有下課休息時間，就不會有學生在操場上受傷。似乎每次我們到操場，總會有人絆倒、跌倒，需要去找護士治療。最後，若沒有下課休息時間，我們考試會考得更好。每個人都會有更長時間來學習，我們都可以得到A。所以你看看，如果我們沒有下課時間，對我們學校來說該有多好。

　　　　之後，Beasley老師進行全班授課，她在教室兩側貼上兩張大海報。每張海報上面列有學生名字，那是依據形成性評量結果來分的。學生走到自己名字被公布的地方，找到他們下一步的指示。

　　　　論說文發展較精熟的組別之學生要依照下列指示，從「麥當勞」組的信封袋裡找到「四分之一磅」組的信封袋：

■ 每一對學生需拿著「四分之一磅」組的信封袋，和夥伴一起討論信封袋中段落已經錯亂的文章。若你們兩人都認為那是篇組織嚴謹的論說文，就請說明理由，並且檢查該作品。如果你們認為文章需要修改，就去修改，並把它貼在紙張上，然後簽上兩位的大名交給老師。

■ 和老師討論關於論說文的組織架構。老師會給你一張網絡圖，讓你在寫論說文組織架構時使用。

■ 完成下面的工作：請從下列論說文的主題中選擇一個，告訴我們你對它的看法，說服我們你說的是對的。請使用網絡圖來協助你思考。請個人自行完成這部分。

　─上課可以嚼口香糖嗎？

　─學生應被允許帶玩具上學嗎？

　─養狗比養貓好嗎？

　　　　你的作文將被檢核，看你如何利用

論說文的元素來組織你的觀點。

「四分之一磅」組的學生和Beasley老師見面時，她給了他們圖4.3的網絡圖，並跟他們一起討論。

而教室另一端的這群學生比較不確定怎麼寫論說文，他們也是依照下面指示，從「麥當勞」組的信封袋裡找到「大麥克」組的信封袋：

圖4.3
網絡圖─給需要較少協助之學生書寫論說文使用

主題：
學生姓名：

主題句：

論述細節：

1.闡述：
2.闡述：

支持理由：

1.闡述：
2.闡述：

支持理由：

1.闡述：
2.闡述：

總結性論述：

- 每位學生需拿著「大麥克」組的信封袋。請找到一位夥伴與自己合作，把信封袋裡散亂的紙條排成一篇架構完整的論說文。當你們倆皆同意排好的文章，請舉手讓老師來檢查答案。把你們校閱過的作品貼在紙張上，並簽上你們的大名交給老師。

- 和老師討論關於論說文的組織架構。老師會給你一張網絡圖，讓你在寫論說文組織架構時使用。

- 完成下面的工作：選擇下面其中一個問題作為你論說文的主題。填好你的網絡圖，以確保你的想法是組織過的，並且包括了論說文的元素。接著，請用網絡圖來協助你完成論說文寫作。

   —上課可以嚼口香糖嗎？

   —學生應被允許帶玩具上學嗎？

   —養狗比養貓好嗎？

你的作文將被檢核，看你如何利用論說文的元素來組織你的觀點。

當「大麥克」組學生和Beasley老師見面時，她給了他們圖4.4的網絡圖，並與他們一起討論。她還跟他們討論一篇已完成的網絡圖，讓他們看用那網絡圖寫出來的論說文成品。此外，她還指引學生到教室某處的「加料」中心，跟他們說在完成網絡圖時，他們可以如何用那些「加料的問題」來思考論點以支持他們的看法。「加料」中心的「加料罐」裡，有跟那三個主題相關的問題，學生可以從中挑選自己的主題。圖4.5提供了加料罐和它的問題示例。

Beasley老師根據每位學生使用論說文元素的狀況，把對他們文章的回饋發還給他們。除了針對論說文作品呈現的元素所給的簡短建議，她還設計了簡單格式的檢核表（表4.5），分別標示為「正確使用」或「尚待修正」，這樣，學生便容易明白他們對於每一論說文元素的使用狀況。回饋的檢核表提供了學生空間，協助他們規劃書寫論說文的下一步。不論全班其他同學是在「加料」中心做活動，或是自行完成課堂作業，教師和每位學生簡短對談，討論他們的計畫，並告訴他們「加料」中心和回家作業，這些都在協助他們繼續成為論說文作家。

接下來的幾節課，Beasley老師繼續分享論說文的範例給學生進行課堂討論與分析。討論皆聚焦在重要問題上：

圖4.4
網絡圖 ── 給需要較多協助之學生書寫論說文使用

主題：
學生姓名：

主題句：我的信念是什麼？
我對這個的整體意見是什麼？

論述細節：我相信我在主題句所說的一個原因是什麼？

1.闡述：我如何知道論述細節是真的，請給一個例子？
2.闡述：我如何知道論述細節是真的，請給另一個例子？

論述細節：什麼是我相信我在主題句所說的另一個原因？

1.闡述：我如何知道論述細節是真的，請給一個例子？
2.闡述：我如何知道論述細節是真的，請給另一個例子？

論述細節：什麼是我相信我在主題句所說的另一個原因？

1.闡述：我如何知道論述細節是真的，請給一個例子？
2.闡述：我如何知道論述細節是真的，請給另一個例子？

總結性論述：我怎樣才能讓讀者知道，我完整地給予論述細節？（以「所以」、或「因此」、或「總而言之」開頭）

「寫作如何協助他人拿定主意？」學生討論論說文每一元素所扮演的角色，好幫助他們瞭解作者的看法。而加料中心則提供了機會，讓學生就每一個論說文元素來練習、精煉、並延伸其技能。Beasley老師在語文課堂上以小

圖4.5

額外配料罐和問題

應該允許在課堂上吃口香糖嗎？

允許吃口香糖或不允許吃口香糖，哪個會讓學生比較開心？

這將如何影響課堂上的言談？

誰可能不喜歡在課堂上吃口香糖？

口香糖將如何影響體育課？

表4.5

教師回饋和學生說服力段落寫作規劃表

說服的元素	正確的使用	需要的工作	計畫我的下一步
主題句			
論述細節			
闡述			
總結論述			

組的方式，重新教導、澄清或拓展學生的思維。她花了三個晚上設計出給學生的差異化家庭作業，讓學生在撰寫論說文上更專注在自己的下一步。

六年級市場分析單元的持續性評量

Horner老師和她的六年級學生正在進行股市分析的單元。該單元開始之前，她給學生做前測分析，以確定他們的「舒適」程度與四個單元概念的能力：資料蒐集、資料分析、資料呈現與報告，以及資料解讀。前測中第5題與第7題引導她規劃資料蒐集的單元（請參考第三章「六年級市場分析單元的前測」）。

第4題則與資料分析相關，並顯示一些學生對於分數有學習困難，而其他的學生則在分數使用上毫無困難。在她開始該主題在單元中的第二個部分不久之前，她讓學生做一個額外簡短的形成性評量，以測驗學生使用分數做資料分析的能力。她使用來自這兩個評量的資料，指派學生做一個分數相乘的分層作業（見表4.6）。

當學生進行分層任務的練習時，Horner老師在班上走動，檢查他們的狀況，記錄她所看到的，並查明他們理解的程度。她有時也針對一些學生有困難的技能與概念進行「迷你課程」。

在前測的第1、2、3和6題中，其中一部分也可用來當作持續性評量，這些問題與單元中的資料解讀、報告、和呈現相關。這些問題顯示在班上所有學生對這些領域的理解和技能都相當類似。因此，她對全班進行資料解讀，報告和呈現的課程，提供機會讓學生在興趣相同的團體內一起合作練習，並運用他們所學。

Horner老師還與語言老師合作，以確定學生在說明文寫作方面的能力。這是一個圓滿完成課程任務的重要部分。根據由語言老師提供的訊息，她上了說明文寫作的小組「迷你課程」，她把焦點放在三組學生的準備度特別需求和總結性成就任務所需的技能。表4.7歸結本單元的流程，顯示出全班和差異化的元素。

課程單元的成就評量測量學生以下蒐集資料的能力；根據資料計算分數、小數與百分比；透過市場分析專題，用圖表與書寫形式呈現成果與報告。學生擔任市場分析公司員工的角色，由服裝

表4.6
以持續性評量為基礎的分數乘法分層課程

第一組 在分數乘法上的準備度具備年級程度	教師灌輸的知識： 這些分數乘法的問題是透過分子分母相乘，然後約分成最簡分數。如果必要的話，學生可以用分數條（一種教分數的數學教具）檢查他們的工作。	學生的任務： ·學生完成分數乘法的練習題組。前半部的題組要求學生使用新的計算方法。後半部的題組，學生選擇自己想要使用的計算方法。 ·當完成後，學生和夥伴一起檢查自己的答案。
第二組 在分數乘法上的準備度具備年級程度以上的學生	教師灌輸的觀念： 多重步驟的數學問題需要分數的乘法（按規定比例製成藍圖）。學生首先把資料換算成一個公制單位（英碼、英呎、英吋），然後再相乘。	學生的任務： ·學生完成分數乘法的練習題組。每一個數學題組都要求學生把資料換算成慣用的容量與重量的單位 ·當完成後，學生和夥伴一起對答案。
第三組 在分數乘法的準備度低於年級程度	教師灌輸的觀念： 使用建構紙分數條的數學問題來當作分數乘法的一個具體例子。 教師以空間概念示範分數的關係。	學生的任務： ·學生用紙分數條完成分數乘法練習題。 ·當完成後，學生和夥伴一起對答案。

零售商受僱於提供年輕人愛穿的鞋方面的最佳進貨訊息。這些「員工」設計和進行學生鞋子喜好問卷、分析問卷資料、報告其發現，並解釋他們問卷調查的流程。成就評量是由準備度的差異來區別，搭配兩個提示的版本。第一個版本的設計是為了評估相似年級水準的數學情境與過程。第二個則是專為超越年級水準的學生所設計的數學概念和過程，他們也可以證明有效的抽象思維。第二個提示在學生選擇研究要考量的特色時，提供的架構比第一個版本少，並

表4.7
市場分析單元的教學環節順序

全班	差異化
施行前測。	
單元結束前，介紹成就評量與評量基準，使學生能充分將任務的目的記住。	
進行全班抽樣的課程。	
解釋契約要求和工作條件。	給學生藍色或黃色的契約文件夾，並讓他們完成契約中的任務。
	根據需要（前測）進行抽樣的「迷你課程」。
指導全班關於分數及整數的觀念。	給已經掌握分數與整數概念的小組獨立的工作。
	指派分數乘法分層的作業。
對全班進行呈現、報告，以及詮釋資料的課程。	
蒐集來自語言老師的寫作資料及樣本，以作為寫作迷你課程分組的形成性資訊。	
	以學生的寫作能力和需求為基礎，進行彈性分組的說明文寫作「迷你課程」。
	學生完成的成就任務，包含兩個以準備度為基礎的提示。
學生與全班分享他們的最後成果作品（所有學生根據預先建立的標準，使用索引卡給同學回饋。）	

且還要求學生操作更多的變數。

在這兩個例子中，教師相當清楚學生應該知道什麼、明白什麼，還有在教學指令下達後，他們能夠做到什麼。這樣清晰的瞭解，使教師能夠建構與 KUDs 完全一致的形成性評量。其次，

分析學生形成性評量上的作品,提供教師對於每個學生目前的能力與期望之結果的聚焦的訊息。然後,這樣的訊息可以引導教師決定未來的教學順序,進行相關的指令。這樣的方式顯示出全班教學是有用的,這資訊也指出哪種差異化教學可能比全班教學的方式更有用。

反思這兩位老師的教學法顯示出他們只是依據規劃、思考的邏輯順序,並探索學生朝向的重要目標以學習發展。他們刻意促進學生學習成長的方式,似乎不只是靠常理。事實上,這就是關鍵。不是只把「下一步」教給所有學生,而不去考慮學生對於「之前內容」的各種回應。這兩位老師進行學生進步情況的調查的任務,然後他們會就他們所瞭解的,適度地並有意義地調整未來的課程。兩位老師用診斷來下處方——這個想法不僅在醫學中有根據,在教學中也是一樣。

總結性評量：
以單元重點檢視學生學習

第 5 章

「旨在檢測，抑或學習，乃是值得深思的問題。」

—— Patricia Broadfoot，引述自 Lorna Earl《評量即學習》一書

學年開始之際，在Murphy老師的10年級生物課常聽到這句話：「那傢伙一定是瘋了。他昨天給我們考的東西，我們根本還沒念！我真不懂，他怎麼可以這樣！」測驗內容涉及跳囊鼠（kangaroo rat）腎臟的結構和功能。在描述完這種動物生存環境幾乎不需要水之後，教師隨即提出問題：跳囊鼠如何在這樣的環境中生存？試卷篇幅長達三、四頁，每個題組在敘述資訊後均包含三到四個問題。最後，學生必須就跳囊鼠在幾乎無水的環境中如何生存，提出最佳解釋。學生在測驗前不斷地研究和應用科學思考的方式及歷程。這項測驗有結構的提供學生訊息，要求他們運用這些訊息提出假設，再運用衍生出的訊息，測試、改進先前的假設，以此類推。因為這項測試不是用科學語言編寫，指導語中也未曾提及可運用的科學方法，故學生普遍認為考試重點在跳囊鼠，而這是課堂上或指定閱讀之外的範圍。

當Murphy老師在測驗後帶學生思

考設計原委,學生感到無比驚訝:事實上,評量焦點直指核心,著重在他們「學過的」。他曾要求學生專注在科學思考的過程,並依此得出結論。Murphy老師指導學生重新思考這個考試和他們之前所熟悉、可預測的形式有何不同,還有,何種學習足以成功面對這樣的新式評量方法。更重要的是,他幫助學生在未來的一年中明白,能建構自己知識的學習,遠比資料的重複堆砌更有意義。

隨著時間的推移,學生的觀念也變了。「要知道,如果你不瞭解生物學是怎麼回事,Murphy老師的考試會整死你;而如果真的瞭解,這種方式倒是挺酷的。」到了期末,學生們都有這樣的共識:「在他的課,你會學到以全新方式思考,不只是背誦的機器,而是真的學到知識!」

Murphy老師在開發有助於學生成長的總結性評量上,是箇中高手。有時,評量著重在學生表現,例如:他們設計實驗太空梭作為低年級學生創造上高中後同樣主題的研究模組。一直以來,評量所要求的除了知識內容外,還有理解、應用和轉換。當然,所使用的思考方式、計畫,與教學帶領方式的框架相同。他根據明確標準分析學生作業,並為學生設定目標期望欄,在班上策勵他們用一年的時間達成目標。他的課是一項變革,而他所使用的總結性評量是轉變的一部分。

總結性評量的本質

總結性評量相對於前測與持續性評量而言,是比較正式、「官方」的。它們在很大程度上是用來評估教學成果,形式可為期中考、章節小考、單元小考、期末考、專題和論文(Airasian, 1997)。然而,測驗專家反對用分數決定前測與形成性評量,矛頭即是指向總結性評量的分數制。如果說分數占了很大程度——即使不是全部——總結評量並不意味著憑藉一、兩個考試成績就決定一切。讓學生有多次機會來呈現他們學到的東西是很重要的。總結性評量在一個時間區段可以、也應該以多種形式舉行數次,惡名由此而來。

Earl在2003年指出:

這是一種主導大部分教室活動的

評量方式，尤其在中學。教師用考試來評量學生作業的數量和精確度，但工作的大多流於標記和評分。重點放在比較學生分數的高低，給學生的回饋亦為分數形式，提出改進意見的空間並不大。……一般而言，評量對於特定想法或概念不多加主導，因為考試內容過於簡化，不能表現廣泛的技能和已涵蓋的知識。

缺乏特定性未能呈現問題的原因在於，教師認為此種評量的目的是產出學生的排名，並用一個符號來決定學生在群體內的位置，無論什麼樣的分組形式。（pp. 22-23）。

關於分數，Wiggins（1998）指出，我們用「分數」來表示學生表現沒什麼不對；然而，我們視分數為泥沼是因為我們把分數用在標籤學生上，總結性評量也是，其所得到的負評在於，以學期為起始點評量學生的成就，而不是以我們運用的方法。本章著重在質化總結性評量的一般屬性及用法，並特別指出其與差異化教學的關聯。

在研究一個課程單元，為學生設定一系列學習目標（KUDs）前，縝密

地檢測學生的程度是必要且重要的。學生在學得新知、概念、技能，並有機會呈現、消化、擁有這些元素時，總結性評量乃一正式評量這些事先規劃好的學習點的過程，又稱為「學習評量」，因為它側重程度的評估。學生習得事先確定的所有學習目標，就可以在單元結束時，運用總結性評量串連幾個有意義的單元，也可以作為單課的總結。課程結束後，學生有充分的機會融會貫通。在課後運用總結性評量，可幫助教師確認學生已為哪些後續的課程奠定基礎。其名稱源自於評量本身「總結」了學生在某個時間區段所學到的內容。

總結性評量框架

總結性評量可採用多種工具和方法蒐集有關學生學習的訊息，角度能觸及學生、課堂、學校等層面。本書著重在學生和課堂，雖然學習評量有不同目的，但評量結果不等於學習結果，因此，發展出許多形式，如：測驗、寫作提示和應用任務，可在上述三種環境中使用。

評量常見的形式可分為兩大類：

(1)傳統的紙筆測驗，或封閉任務，包含選擇題、簡答題、填空題、是非題、以及名詞解釋。(2)實作導向的作業，包含短文、延伸課程或作業、歷程檔案及實作任務。至於哪種方式最適合蒐集資訊，記錄學生的精熟度，應由學習目標的類別和學習目的來決定。為了確保評量方式及受評學習目標間的一致性，評量方式需(1)有效評量受測目標（KUDs）；(2)專注在評量最必要的知識、理解、以及技能；(3)能和學生作息時間配合的形式。表5.1針對總結性評量的形式以及每種形式的功能與限制，提出概論。

好的總結性評量指標

對於總結性評量來說，信度及效度的概念是不可或缺的。信度指的是一種測量方式在時間推移和不同情境下施測結果的穩定度；效度則是評量方式與評量目標的符合度。由於這兩個概念與評分機制的關聯，第6章中會有更深入的討論。總結性評量至少要符合這兩個特性才能達標，五個附加的優良指標則留待後續討論。這些指標大多聽來熟悉，正是因為好的評量指標必須與前測和持續性評量環環相扣。

指標1：評量反映學習目標。我們都知道，學習目標（KUDs）可反映出學生學習之後的結果，因此，直接扣合學習目標與記錄學生任務完成度的評量項目乃第一要務。評量項目也要適當地測出學生對於特定範圍內知識、理解或技能的精熟程度。

指標2：評量內容反映各項學習目標的相對重要性。學生在評量中必須清楚知道學科中最重要的知識、理解與技能，任何在教學前所設定的KUDs都該清楚傳達重點，教學本身也必須扣緊學習目標以聚焦重要學習內容，總結性評量在此身負重任。舉例來說，若學生在數學科解出等式比在序列中填入缺少的字詞更為重要，教學及評量都應反映這項特質。藉由反向設計，課程規劃者應該從必要的知識、理解與技能開始，發展出與教學內容的目標敘述相符的總結性評量，最後順此勢教學，發展學生必要的能力，讓他們得以在設計好的總結性評量中表現優異（Wiggins & McTighe, 1998）。謹慎運用反向設計，將會大幅強化教學、學習目標、以及總結

表5.1
總結性評量的類型

傳統紙筆測驗（封閉型任務）

評量類型：
・是非題、選擇題、填空題、連連看、問題解決（如：數學）

功能：
・可測出簡單的知識，回溯到多層次的複雜思考（如果評量架構妥善的話），包括事實覺察、圖表解析及推估資料、因果推論等

限制：
・無法測出學生想法建構、範例舉隅、資訊配當及解釋闡明的能力
・無法評量學習過程
・難以創造高品質的問題

實作導向（實作任務）

評量類型：
・口頭報告、實驗呈現、辯論、音樂、舞蹈、體育競賽等

功能：
・有效評量學生組織、整合及應用訊息的能力
・有效評量學習過程
・有效評量學生將知識轉化至其他領域的能力
・跨學科評量
・評量複雜的學習成果
・強調統整性思考及問題解決

限制：
・難以產出具相關性、高品質的任務
・相當耗時
・僅能提供有限的樣本

表5.1（續）
總結性評量的類型

實作導向（建構反饋）

評量類型：
· 產出具結構性的回饋；視覺化呈現，如：概念圖、流程圖、網絡圖、表格等

功能：
· 有效評量學生流程、策略運用、應用資訊及轉譯的能力

限制：
· 難以產出具相關性、高品質的問題
· 相當耗時
· 僅能提供有限的樣本

實作導向（實際產出）

評量類型：
· 短文、研究報告、實驗報告、學習歷程、寫作專案、科學專案、藝術展覽等

功能：
· 評量複雜的學習成果
· 強調統整性思考及問題解決
· 聚焦於評量實作過程
· 有效評量學生組織、整合及應用訊息的能力
· 有效評量學生將知識轉化至其他領域的能力
· 跨學科評量

限制：
· 難以產出具相關性、高品質的任務
· 相當耗時
· 需對有品質的評量基準具備深刻瞭解

性評量間的連結，提高學生成功的可能。

指標3：評量格式在認知上扣合學習目標。「為了確保評量結果的準確，評量方式的選擇應考慮受測學習目標。」（Chappius et al., 2012, p. 87）換句話說，評量所需的認知層級應與學習目標所需相符。舉例來說，如果學習目標只是要求學生回溯資訊（如：複述事實或定義、應用某個簡單的計算或方程式），則評量方式僅需達到這樣的認知層級就好。因此，簡答題或選擇題就能服膺認知層級要求較低的目標；另一方面，若學習目標要求學生推論、計畫、證明、辯護、檢視各式不同的看法等，實作導向評量方式最為適當，因為這樣的評量方式會帶來不只一個可能答案、論證回應、導出結論、結合技巧等。簡單來說，學習目標的本質應主導評量的格式。但遺憾的是，發展低認知程度的評量是容易的，教師常聲稱他們用評量將學生的思考轉化至新境界，結果卻流於讓學生重複課堂內容而已。當總結性評量只能兼顧低程度認知時，學生會認為學習只需要複製他人的想法就好。

指標4：學習目標所界定知識範圍，和教學過程、評量設計的範圍相對應。學習目標與教學間步調不一將有損學習，就算評量與之相映成趣，也是枉然。舉例來說，如果學習目標是讓學生發展比較及評論、爭議的能力，但教學的過程若側重於總結論點及寫作方式的話，就算評量方式與教學目標相符，大部分的學生仍會表現得很差，因為他們沒有足夠的機會練習評量中所需的技巧。

指標5：評量不應要求學生擁有學習目標及課堂內容之外的知識、理解、技能。現代課室風景，不論在語言、文化、準備度、經濟背景、還是家庭支持系統等方面，歧異性皆相當大。作為富影響力的角色，教師應在設計教學方式及評量方法時，意識到學生日常互動間的差距。為了設計能準確反映學生與學習目標間狀況的評量，教師必須移除因學生不同的背景而影響作答的變異數及其他學生學習內容之外的評量項目。在實作表現任務上，必須包含在家完成的時間及校外獨立查找資料、尋求資源和協助的時數。無關的要素讓某些學生表現差勁，不是因為他們無法理解學習目標，而是因為該評量可能要求他們知道或做到超出自身知識領域的事。舉例來

說，當學習目標是關於「說服」的要素時，如果要求一個英文程度不好的學生寫出正式、有說服力的信件，他會因為尚未發展出英文寫作的技巧而無法測出他對這個詞的理解。無關的評量項目會因為學生條件的限制、能力的缺陷、文化背景及經驗廣度等而影響評量結果，教師必須竭力排除。在上述「說服」的案例中，該名學生或許可以用母語寫作，並與夥伴合作將信件翻譯成英文。

總結性評量與學生差異：三原則

如果教師藉由差異化教學，使每個學生都能進步得又快又好，在設計評量方式時便必須考量學生間的差異，好讓他們呈現一切能合理達成的知識、理解及技能。規劃差異化總結性評量之前，請自問：「在設計這份總結性評量時，需要放入哪些元素，才能完全呈現學生擁有的知識、理解及技能？」以下三項原則將會協助教師建立差異化總結性評量。

原則1：除了適用個別化教育計畫的學生外，差異化評量應讓學生聚焦在相

同的KUDs。這個原則現在應該不陌生了。差異化不是給予學生不同的學習目標，而是提供不同路徑，達成相同的目標。如果教師認為差異化可以讓學生增加他們展現所知、所解、所能的機會的話，總結性評量是可以差異化的。差異化可以讓學生在不同興趣領域中達到相同的內容目標，使用不同模式、學習素材、循著難易不一的引導完成任務等，而差異化總結性評量中不變的則是學生們要呈現出的學習成果。

原則2：學生應有機會在評量中展現其知識、理解及技能。這個原則鼓勵教師在設計評量的過程中保持彈性，讓學生有良好的機會呈現所學。差異化總結性評量可因應學生的準備度，舉例來說，容許學生去錄下、而非寫下他們的答案，使用放大版本的試卷，畫出並連結他們的概念、而非寫出延伸式的散文，處理具適當挑戰性的問題，以聽的方式接收問題，或是擁有更多時間來完成評量。同樣地，差異化總結性評量也可因應學生們的興趣，在闡述數學問題時，與下列四個興趣領域產身連結：音樂、體育、股市、以及動物。學生就可以選擇他們有興趣的領域來解題，或邀

請學生比較與對照小說裡特別吸引人的情節，作家是如何處理的。學生的學習興趣也有可能因為寫了兩封信給持相反觀點的報社編輯及部落格，針對政治議題展現不同的觀點，或是畫出兩個不同政治立場的卡通而得到加強。儘管差異化總結性評量並非必要，做了卻可獲得大大的好處，讓學生有更多機會呈現所學，只要相同的學習目標不變即可。可以預料的是，有些教師會這樣說：「可是大考不會因應學生的差異啊！」值得思考的是，如果學生到大考前的學習經驗愈正面、產出力愈高，應試的自信與能力亦會隨之攀升。事實上，研究顯示，學生如果有機會以他們偏好的方式學習並展現所學，他們在標準化測驗中的表現就會更好，就算標準化測驗並非他們喜好的學習模式（Sternberg, Torff, & Grigorenko, 1998）。理論的參照與研究結果，或許可加深差異化總結性評量的論證依據。

原則3：用於評量差異化評量的評分系統必須一致，不管差異化的形式如何。 在評量方式的差異化中，重要的是學習目標（原則1）以及用於檢視學習目標的標準（原則3）在所有的形式中（原

則2）必須保持一致。舉例來說，以一份要求學生針對三個人各自的生活型態及健康需求、運用各種食物、提出飲食計畫的作業為例，除了提出三份計畫外，學生必須運用關鍵原則及瞭解每類食物所含的關鍵要素，為他們的選擇護航。有些學生選擇使用圖表呈現，有些則使用了個人化的飲食筆記，還有些化身為三位受試者及其飲食規劃者，在角色之間對話。在每個案例中，學生的回饋應以下列三項為本：是否為這三個人提出了健康的飲食規劃；這些飲食計畫是否合於三人的需求及生活型態；學生是否使用了單元中的關鍵原則。除非學習目標中包含了「製圖高手」及「傑出演員」，這些要素不該影響學生的成績。第6章將會探討3-P評分指標，旨在針對學生的表現（成就）、過程（心態與習慣）、以及進步（在時間區段中KUDs的達成）分析回報。鼓勵學生成就高品質的產出、卓越的表達及呈現是相當重要的。因此，提供學生或幫助他們發展應該達成的框架標準供他們挑選，並給予回饋是有用的；然而，如果回饋是以成績形式出現的話，就應該著重在過程或學習態度，因為這才是在

評量產出品質，而非特定的成就結果，同樣也不該「評個大概就好」，學習表現目的是在衡量學生學習後的KUDs狀況。也就是說，一個學生在總結性評量中，不應該因為他的獨白非常犀利或是書面報告的封面非常有創意而得高分（當然，他也不應該因為表現的不犀利或是沒有創意而拿到低分），除非這是學習目標之一。

傳統紙筆測驗中的應用原則

身為任課教師，在多變異項目並存時，若僅僅因為發展檢測相同目標的題目多又複雜，就轉而設計差異化、傳統紙筆形式及封閉式的評量，往往不切實際。因此，使用封閉式評量的最佳時機是，學習成果依據實際知識、具體推理、以及嚴謹、常見的應用技巧。即使如此，學生的作答及呈現方式也可以做出差異化（舉例來說，紙筆與錄音作答的不同、由學生念或念給學生聽的差別、以母語回答並隨附英文翻譯或是以英文回答之間的迥異）。為了確保教學目標的一致性，由專家與學生合作並與教師協同找出替代的評量形式，也是可行的。

但在某些情況下，學習目標的本質使得評量方式的調整出現困難。舉例來說，如果學習目標要求學生們以論文形式分析當代的重大問題，那將違反讓學生得以不同方式，如政治漫畫及分鏡圖呈現分析結果的原則。即便有上述案例，對於某些特定或顯著的學習障礙者，如手無法正常運作、書寫困難的學生、視覺上有缺陷、或是只能說寫有限英文的學生來說，有些專業的判斷是有其道理的。這些學生或許也能夠分析當代的重大問題，即使他們無法用紙筆在一堂40分鐘的課堂中寫出草稿。那些需要更長學習時間的學生也有可能在調整作答時間後，達成學習目標。給予管道讓他們展現他們所知道的，而非因為他們無法滿足要求就忽略他們的知識，這樣是合理的。

另一方面，如果學習目標要求學生分析當代的重大問題，則學生選擇呈現的方式就不會屬於評量的範圍（原則2）。在這個狀況中，容許學生錄下答案、準備一場口頭報告、或是畫出一本圖文小說，都應該是可接受的形式差異，因為在不同的形式中，都存在著「溝通」的領域空間（原則3）。不論

何種呈現方式，學生們僅應著重在概念是否清楚、有效地傳達。對於評量標準的形式，應該包含如概念組織、發展資源、清楚解釋、表達過程、或其他在學習目標中有明確指出的技巧。

實作導向評量中的應用原則

實作導向的總結性評量，如：實作任務、建構式回應、產出等，因學生的學習準備度、興趣、以及學習風格不同，不可避免地保有差異化的空間。接下來將會介紹三個總結性評量有效應用的個案。個案1來自對於中學社會科及語言科的真實差異化評量，解釋了這樣的評量方式其實有機會調整學生間的差異，而仍然與學習目標保持一致。在這個案例中，學生得以選擇專注於以下領域中的其中三個：藝術、公民權利、經濟、軍事衝突、科技、以及政治。他們也有選擇以戲劇獨白或論文寫作方式來呈現的自由，這反映出他們在學習偏好及在學習方式上的差距。最後，學習準備度的差異化會以兩種方式呈現：首先，學生可能會為了他們的作品而借鑑大量的資訊，這讓他們得以大量閱讀。另外，可以與媒體專家和教師合作來取

得具挑戰性的適當媒材。此外，進階的學生則挑戰以兩方、而非單方面的觀點完成他們的作品。儘管屬興趣的範疇，在呈現方式及適用學習準備度上，所有答案應落在歷史正確性、觀點、說服力、完整度、以及參考／研究技巧和其他學生同樣關注聚焦的學習目標來評分。

以學生在學習準備度的需求作為基礎，評量差異化也會是適當的。舉例來說，教師可以協助在任務處理上有困難的同學建立每日目標，以達成終極任務。再者，差異化並不影響學生必須建構出的學習目標，而是提供或多或少的協助以除去阻礙，讓他們得以展現自身程度，或延伸學習目標到達挑戰層級。

設計與使用總結性評量：快速回顧

總結性評量或教學評量的目的在於，學生在有機會學習並應用內容之後，評量對特定學習目標的熟練。

總結性評量的目的匯整請詳圖5.1。總結性評量能夠、也應該在一個單元中的各個總結點被執行多次。總結

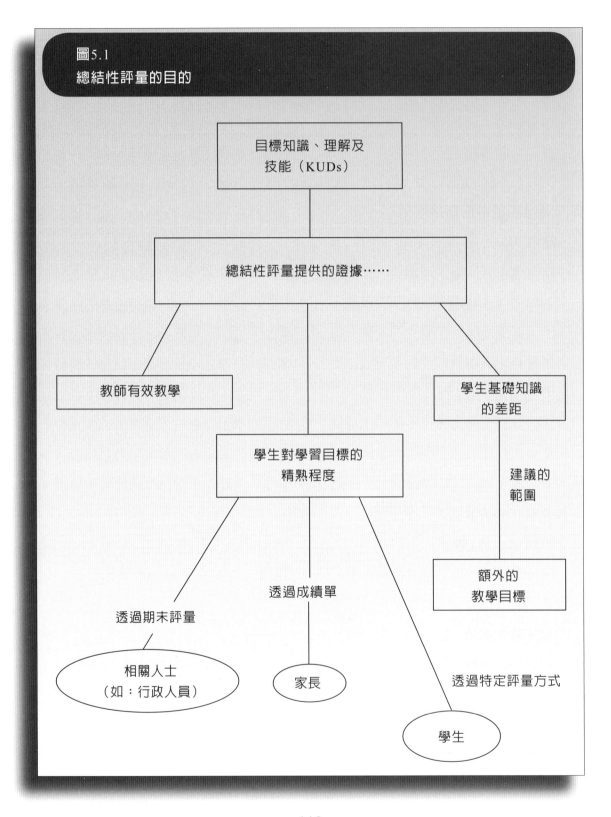

圖5.1
總結性評量的目的

目標知識、理解及技能（KUDs）

總結性評量提供的證據……

教師有效教學

學生基礎知識的差距

學生對學習目標的精熟程度

建議的範圍

透過成績單

額外的教學目標

透過期末評量

相關人士（如：行政人員）

家長

透過特定評量方式

學生

性評量主要可以分成兩大類型：(1)傳統的紙筆評量，像是選擇題和填空；以及(2)實作導向的評量，像是眞實性評量、實作基礎的任務，以及學生計畫或是產品。前者的範疇較適合用於評量學生們的知識以及再現等級的技巧，儘管他們也可以發展用於評量更複雜的知識及技巧。後者的範疇則是用於評估學生們對於複雜思考、知識轉化、以及解決「實際」（相較於課堂中）的問題。教師應該基於評量的目標來選擇評量的格式。

品質良好的總結性評量具有以下特質：

■ 它們與教學目標保持緊密的一致，不論在敘述的方式或實際教學的方式。
■ 它們專精於最必要的知識、理解與技能。
■ 它們在認知層次上與教學目標所需要的認知層次保持一致。
■ 它們並不要求學生擁有課堂以外或學習目標以外的專業知識、學習材料或援助。

當總結性評量被差異化時，這些不同版本的評量方式應該：

■ 擁有相同的學習目標。
■ 讓所有學生都能夠有機會展現他們的知識、理解及技巧。
■ 使用相同的評分方式。

三個個案

這個段落包含了三個有關差異化的總結式實作任務案例。第一個是給中學生的，有關社會研究單元並融合了一些來自語言藝術的內容目標，以實作爲基礎的任務。學生們透過課堂上以及課餘的時間完成這個任務。第二個任務也是給中學生的，在課堂上以實作爲基礎的任務，並伴隨著針對他們的成果及想法的討論。第三個任務則是一個來自二年級的寵物教學的總結式產出計畫。該學習單元協助學生去檢視他們稍早在自然科學中學到的人與寵物以及其他動物間的關係。這個計畫也要求學生使用一些關鍵的語言藝術的能力。每個例子都以總結性評量如何被差異化的簡易解釋作爲結論。

範例1：中學社會科實作評量

（評量解釋）
最好的時代

目的／源由

這份評量（Moon, Callahan, Brighton, & Tomlinson, 2002）的目的是為了找出學生對於歷史上特定時期所能辨別並詮釋資訊的程度，以及將這些資訊統整成能反映出當代人的觀點的口述、文字呈現。

評量將涵蓋以下學習目標：

知識：
關鍵字：*聲音、腔調、觀點、國籍、人種、宗教、族群、整合。*

理解：
- 人的觀點乃由身處的環境所形塑。
- 人構成文化，也讓文化塑造。
- 對某些人來說，最好的時代，可能是其他人最壞的時代。

技能：
- 使用各式資料蒐集科技及資源來獲取讓學生能準確思考、表達的資訊。
- 統整來自不同來源的想法及資訊。
- 援引史實，映照到真實人物、事件、科技來支持自己的論點。
- 以某個當代人的角度呈現歷史資訊。
- 以完整、準確的方式描寫並呈現生命在特定時代中所展現的多重樣貌。
- 運用詞彙、語調、服裝或其他裝置強化時代性，加強真實感。
- 以標準格式記錄資料來源。

相關標準

歷史／社會：
學生發展歷史分析的相關能力，包含：
- 辨別、分析並轉譯主要資訊來源及當代媒體，以歸納出1877年以來美國的生活型態與歷史事件。
- 認知並解釋國籍、宗教、人種與族群如何影響不同觀點。

英文：
學生寫下敘述、描寫及解釋：
- 建立核心思想、組織、闡述、一致性。
- 選擇適當語彙與資訊強化中心思想、語調與發聲角度。

學生學到將寫作運用於所有科目的學習中：
- 統整資訊以建立新的概念。

（學生作業）
最好的時代？

走過歷史，一切的進展（社會、科技、藝術等），讓某些人認為他們所生活的時代是「最好的時代」，有些人則認為不然。當你回到那段時光時（教師提供），你會成為哪一群人？

當你為自己塑造一個角色時，這個角色是男是女？年紀多大？你是哪一個人種？來自哪個族群？住在哪裡？你的家族在這塊土地上生活多久？你有工作嗎？從事什麼職業？如果你是個小孩，你有怎樣的抱負？你長大後想做什麼？

想像你生活在過去的時代，比你現在更好、還是更糟？

從新角色的視角出發，寫一篇文章或向同學演出一場獨腳戲來說服你的同學，最好與最壞的時光是同時存在的，並在過程中，挑選以下領域中至少三個層面來說明你的生活：

- 藝術（包含戲劇、舞蹈、音樂等）。
- 公民權利與社會運動
- 經濟情況
- 軍事衝突
- 新發明與科技

- 政治

在蒐集資料的時候，你可以依偏好挑選電子或紙本資訊，但應蒐集比課本更廣的「第一手資料」。請準備一份紙本的參考資料來源清單，記載你所使用的資訊來源及搜尋方式。

評量標準

專案評分標準：

- 歷史準確性：你對於該時期的資訊掌握得多準確？
- 觀點：是否「正確」扮演了你的角色？所展現的意見與角色的生命及生活型態符合嗎？
- 說服力：讀者與觀眾相信你來自那個時代嗎？論述足以說服別人，這對你來說是最好／最壞的時代嗎？
- 完整度：描寫上述三個層面，以及它們如何影響你的生活？
- 研究技巧：你用了多少蒐集資訊的方法？第一手和第二手資料你都用到了嗎？你能統整不同來源的資訊嗎？
- 參考技巧：你以多標準化的格式回報了你的參考資料？

評量表如下頁附件。

「最好的時光」作業評量基準

評量標準	超乎預期	符合預期	低於預期
歷史準確性 分數：＿＿＿	援引人物、事件、科技等參考資料非常恰當，足夠詳細並準確地擺放在該出現的地方。	援引人物、事件、科技等參考資料恰當，小錯誤瑕不掩瑜。	援引人物、事件、科技等參考資料不準確、不完整或與當代不合。
觀點 分數：＿＿＿	闡述的觀點與意見充分反映了時代與角色的環境。	闡述的觀點與意見，適當反映了時代與角色的環境，小矛盾不影響整體效果。	觀點與意見跟時代與角色的環境出現矛盾。
說服力 分數：＿＿＿	使用多重方式（詞彙、語調、服裝等）來說服觀眾／讀者角色的真實性。	使用了一種以上的方式（詞彙、語調、服裝等）來說服觀眾／讀者角色的真實性。	沒有下功夫去說服觀眾／讀者角色的真實性。
完整度 分數：＿＿＿	清楚傳遞該單元的三個重點，並含三個以上領域的大量細節支撐，包含藝術、公民權利／社會運動、經濟環境、軍事衝突、新發明／科技、以及政治等。	清楚傳遞該單元的三個重點，並含三個領域的細節支撐，包含藝術、公民權利／社會運動、經濟環境、軍事衝突、新發明／科技、以及政治等。	沒有清楚傳遞該單元的三個重點，並只有一或兩個細節支撐，包含藝術、公民權利／社會運動、經濟環境、軍事衝突、新發明／科技、以及政治等。

「最好的時光」作業評量基準（續）

評量標準	超乎預期	符合預期	低於預期
研究技巧 分數：____	資訊來源對該專案而言是合適的，並使用大量超越課本範疇的第一手資訊與第二手資訊來源，或找到獨特的資訊來源。主要使用第一手資訊，資訊之間整合良好。	資訊來源對該專案而言是合適的，並使用大量超越課本範疇的第一手資訊與第二手資訊來源，或找到獨特的資訊來源。主要使用第二手資訊，資訊之間整合待加強。	資料只侷限於課本，或資訊不適合，且並沒有加以整合，看起來像複製貼上的產物。
參考資料技巧 分數：____	資料來源以標準、專業的方式載明。	載明資料來源，但形式上並不專業及標準。	沒有載明資料來源。
評語：			

範例1的差異化

　　這個實作任務包含了三個面向的差異化。準備度的差異化包含了使用大範圍的閱讀資料，教師與媒體專家的協助，則為每個學生尋找並挑選適當的閱讀資料。有些給英文學習者的資料也來自於英文之外的其他語言。藉由英文學習專家的協助，翻譯英文素材或同學以母語寫的作品，也是可行的。另外，高階版的閱讀、表達與批判性思考技巧訓練，同學則需以兩種觀點剖析三個層面，以自身、家庭、摯友與關聯者等角色來闡述這是最好的時代還是最壞的時代。教師引導的細微改變需要學生以兩個以上的角度思考，他們的選擇將會在特定的時代怎樣影響其他人，這就需要更複雜的思考方式。興趣差異化做法：學生在文化元素中選擇三個作為主題，

學生也可以選擇依自己的學習風格，口說或寫作來呈現作業。

範例2：中學科學課的建構回應評量

（評量解釋）
優秀的實驗？草率的科學？

目的／源由

此份評量（Moon et al., 2002）讓學生們得以呈現對實驗步驟的瞭解，該評量設計是衡量學生對於單變量實驗設計的初期理解，以及激發針對變量的討論。由更年輕的學生來說明此研究，中學生則需要評量這個學生的成果。

評量將涵蓋以下學習目標：

知識：

■ 關鍵字：*實驗、研究問題、獨立變量、因變量、重複測量、常量、試驗、結論*。

理解：

■ 在得到可靠與準確結論的過程中，實驗的每一步都扮演重要角色。

■ 在實驗的任何階段裡，不適當的操作皆有可能提高實驗錯誤的可能性。

技能：

■ 評量簡單的科學調查，特別是研究問題、獨立變數與因變數、常數、試驗的次數及結論的適當性。

■ 轉譯資料表格。

■ 正確轉換公制單位。

■ 界定實驗錯誤來源。

■ 以文字方式有效表達，並以適當的論述支持結論。

■ 有效溝通，並在班級討論中尊重地聆聽他人。

相關標準

學生將會：

■ 策畫並逕行調查。

■ 正確將資料轉譯成表格，並呈現重複數次試驗。

■ 正確的定義變量。

■ 正確使用／轉換公制單位。

■ 建立預測標準。

■ 定義實驗錯誤的來源。

■ 找出應變數、獨立變數、以及常數。

■ 瞭解為何要控制變數來驗證假說，以及為何需要重複試驗。

■ 對於相同資料所得到的不同結果，做出評價與解讀。

■ 在小組討論中提供或蒐集資訊。

■ 發展論說文寫作，有組織地闡述中心思想。

評量依據

■ 回顧實驗及相關佐證。

■ 寫下溝通意見。

■ 對小組討論的貢獻。

（學生作業）
優秀的實驗？草率的科學？

你是一本兒童新科學雜誌的助理編輯，雖然你自己也還算是個孩子。其中一項職責就是評論投稿的文章，並決定適不適合公開發表。Jeffery Davis，一個來自印地安那州的五年級生，投了一篇關於在家中盆栽土裡放進蚯蚓會不會讓植物長得更好的文章，而你的工作如下：

1. 閱讀附件文章，並決定是否要刊登在雜誌上。

2. 寫信給Jeffery，以其實驗步驟為依據，向他說明你的決定

你的決定選單：

A.實驗看起來設計得很好而且是可執行的，而這篇文章會出現在雜誌的下一期。（描述實驗的優點。）

B.實驗的點子不錯，但仍有些問題，Jeffery應該要做出適當修正後重新投稿。（解釋你認為必須做出的改變及其重要性。）

C.實驗仍有許多缺陷，我們不會登上雜誌。（闡述問題。）

由於這是你第一天上班，老闆會監督你的成果，也會檢查你是不是評量了Jeffery實驗的每個主要部分，並解釋所發現的問題。實驗評論表格將會幫助你達成目標。你要繳交評論表格和信件，也會和其他助理編輯討論你的發現。

作業總結

■ 閱讀Jeffery的文章〈蚯蚓太棒了〉。

■ 完成實驗評論表格。

■ 寫封有關Jeffery的實驗的信件給他，參與有關Jeffery的成果以及你決定的理由的討論。

你的老闆將會使用附表中的表現評量表來檢視你的工作成果

蚯蚓太棒了
（Jeffery Davis）

蚯蚓可幫助你的盆栽成長茁壯，超讚的！至少我是這樣認為，所以我做了個實驗。研究問題是：蚯蚓對植物生長的功用為何？我在學校的某個花園裡挖了一些蚯蚓，把牠們放進家中盆栽。我放了一隻進非洲紫羅蘭的花盆裡，兩隻在蕨類，三隻在蜘蛛蘭，控制組則是一盆沒有蚯蚓的仙人掌。我把所有的盆栽放到同一個窗台，這樣它們就會得到相同的日照，並且還給它們同量的水，每個禮拜測量植物的高度，測量結果請見下圖。

如同你所見到的，仙人掌（無蚯蚓）沒有變化，蜘蛛蘭（三隻蚯蚓）長高最多，而紫羅蘭（一隻蚯蚓）並沒有蕨類（兩隻蚯蚓）生長速度快。因此，你應該把蚯蚓放進你家盆栽的土裡，且愈多隻愈好。

※　※　※

這個範例中並沒有包含對於學習風格及興趣的差異化，而是做了兩個面向的準備度的差異化。首先，對於仍在學英文或是對於英文寫作有困難學生，需施予輔助。英文學習者可以選擇將答案以母語寫出，並翻譯成英文。其次，在組織想法遇到困難及在回想實驗元素遇到困難的學生，實驗評論表格可引導他們做出成果。其他同學直接寫信給Jeffery，無須使用實驗評論表格，而是要求他們對Jeffery解釋如何正確設計實驗，並援引Jeffery的報告及圖表作為論證。

範例3：二年級科學課的總結性作品

（對評量的解釋）
寵物與我

目的／源由

這份評量設計在二年級學年末執行。學生的重點是持續觀察動物，這次的強調重點是寵物。教師希望學生能夠連結過往對動物所知，以及他們的寵物或未來希望養的寵物。評量中也整合了數個語言目標。這份評量由兩個關鍵部分組成。首先，學生需合作建立一份將與校內其他學生（一、二、三年級）共享的雜誌。除此之外，學生要向家長、學校行政主管及教職員展示他們的成

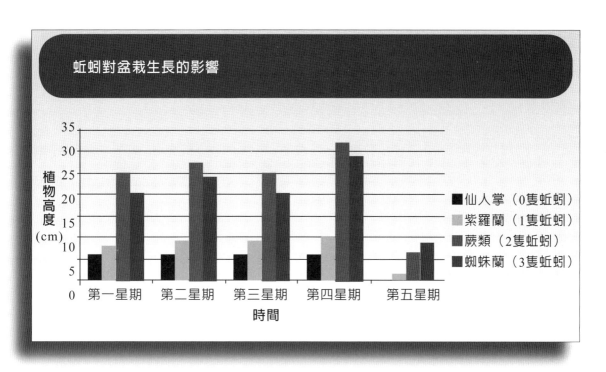

蚯蚓對盆栽生長的影響

植物高度 (cm)

圖例：
- 仙人掌（0隻蚯蚓）
- 紫羅蘭（1隻蚯蚓）
- 蕨類（2隻蚯蚓）
- 蜘蛛蘭（3隻蚯蚓）

時間：第一星期　第二星期　第三星期　第四星期　第五星期

實驗評論表格

研究問題

作者有清楚陳述他試圖回答的問題嗎？

＿＿＿是　那個問題是＿＿＿＿＿＿＿＿＿＿＿＿＿＿＿＿＿＿＿＿＿＿＿＿＿

＿＿＿否　建議：

獨立變數

作者有找出可操縱的獨立變數嗎？

＿＿＿是　那個獨立變數是：＿＿＿＿＿＿＿＿＿＿＿＿＿＿＿＿＿＿＿＿＿＿

＿＿＿否　建議：

應變數

作者有找到可測量的應變數嗎？

＿＿＿是　那個應變數是：＿＿＿＿＿＿＿＿＿＿＿＿＿＿＿＿＿＿＿＿＿＿＿

＿＿＿否　建議：

實驗評論表格（續）

常數

作者有讓獨立變數之外的其他變數都保持常數嗎？

_____是　　_____否

維持常數的變數：　　　　　　　　　　　　不為常數的變數：

_____　　　　　　_____

_____　　　　　　_____

_____　　　　　　_____

_____　　　　　　_____

實驗次數

作者是否做了足夠的實驗，以說服你該次實驗結果並非出於巧合？

_____是　實驗次數：_____

_____否　建議：

結論

作者從實驗中得出了什麼結論？實驗結果支持這個結論嗎？

_____是，實驗結果支持這個結論。

_____否，可能有其他可以解釋實驗結果的理由，像是：_____

實作評量表單

助理編輯：＿＿＿＿＿＿＿＿＿＿＿＿＿＿＿＿＿＿＿＿＿＿＿＿＿＿＿

範例2的差異化

評量標準	太優秀了！ （3分）	還不錯 （2分）	還要再想想 （1分）
實驗回顧 分數：＿＿＿	Jeffery的文章你評得很棒，至少找到三個重大問題，並針對這些錯誤提供了詳細的解說。	Jeffery的文章你評得不錯，至少找到兩個重大問題，並針對這些錯誤提供了解說。	你在評論Jeffery的文章時需要更小心，你忽略了重大問題，並且在提供解釋時不夠全面。
寫下小組溝通意見 分數：＿＿＿	你的信寫得很棒，有清楚而詳細的解釋，為你的決定辯護，並提供他實驗優缺點及你認為可以改善的部分。你有組織、禮貌，還散發著專業氣息。	你的信寫得很好，解釋了你的決定，並提供你認為可以改善的部分，文字有組織。	你的信需要改善，文字沒有組織，且沒有為你的決定提出解釋或給他改進的建議，文筆待加強。
小組貢獻 分數：＿＿＿	你在討論時做得很棒，分享了幾個重要的點，並以尊重去聆聽與回應他人的想法。	你在討論時做得不錯，你分享了一些寶貴的意見，並以尊重去聆聽他人。	你的小組討論技巧需再加強，你沒有分享你的想法，也沒有帶著尊重去傾聽他人的意見，甚至沒聽懂。

果，解釋成果如何呈現有關動物的「好點子」以及他們一直致力發展的技巧。這個專案將持續六個星期，占用部分（但非全部）科學及語言課的時間。

在學年間，教師多次分享數份兒童雜誌，學生討論雜誌內的專欄、文章的寫法、雜誌的客群及作家互通有無的管道等。當《寵物與我》雜誌開始連載時，教師將雜誌帶回班級，並鼓勵學生選出一份他們喜歡的雜誌與喜歡的專欄文章，並向同學分享選擇的理由。他告訴學生，他們在接下來幾個禮拜，即將成為雜誌的發行者，在全校發行一份有關寵物的雜誌。教師是編輯，其他學生是職員。學生共同選出一隻寵物，並為了這本雜誌而成為寵物專家。這隻寵物可以是他們現在擁有的、曾經擁有的、或是未來想要擁有的。

學生們一起決定所有事物，像是雜誌名稱、如何妥善運用印刷經費、以及各項工作的截止日期。每個學生創作雜誌中的三個部分。第一部分是學生的寵物與野外的同科動物的比較。教師針對這個工作給了同學一個模板，所以，每個同學都能比較家中寵物與其野外同類的屬性。其次，所有學生都為雜誌選定了他們感興趣的議題，像是寵物用品廣告、寵物趣事、寵物大PK、寵物小知識、超讚寵物照片、寵物影片的感想、寵物塗鴉及繪畫、或有關寵物的卡通等。所有的專欄文章都必須是真實的，以幫助讀者更加瞭解並珍惜寵物，還要遵守「好作家規範」。第三，教師請每個學生本著興趣及語言技巧為雜誌寫一篇專欄，主題像是寵物照護、寵物與人、寵物訓練小祕訣、無法成為好寵物的動物以及原因、不尋常寵物大搜奇、成人的寵物、寵物治療師、導盲犬訓練家庭、獸醫工作知多少、寵物好書推薦、運動中的寵物、寵物詩創作、常見寵物健康問題、以及寵物英雄等。所有的專欄文章都需援引至少三個資料來源，資訊要準確，顯示寵物與人類的密不可分，以幫助讀者更加瞭解並珍惜寵物，並遵守「好作家規範」。學生可使用插圖來編製成果，但這不硬性規定。藉由學校中媒體專家的協助，教師幫助學生取得寫作資源，包含網站、影片、雜誌、書籍、以及可接受訪談的對象。

由於學生寫的大量稿件，這份雜誌分為三版，學生分屬其中一版的製作團隊。學生有些拿著雜誌到全校各班去介

紹，並留下一份回饋表讓他們表達對雜誌的想法；或是去其中一個班級拿回雜誌及來自其他學生的回饋，且感謝他們閱讀雜誌並提供回饋。學生們設計回饋單，竭力編輯、改善他們的成果，並且在編輯團隊中練習他們的口說呈現。

最後，每個學生都為了「一群雜誌讀者與寵物愛好者」準備了口頭報告，表達寵物與人類間密不可分的關係、寵物與其野外同類的異同，以及寵物身體構造和對其個體功能的影響。報告中另需解釋他們如何運用資源、從雜誌中擷取資訊，並用完整句支持、解釋自己的論點。「總編輯」則依貢獻程度給予總結性評量評分，「專家團隊」則負責口頭報告的評分。考量到學生的年紀，教師給出的評語是「太棒了」、「很好」、以及「再加油」等正向語言。評分方式大可用傳統字母結合「＋」與「－」，或一星到三星，也可以是有關學生熟知的KUDs表。

由於學生的年紀，不另設特定任務分配表，取而代之的是教室中的「待辦」事項清單，提醒學生應做的事、截止日期、成功的必要條件、以及其他工作細節。

評量過程則結合以下KUDs：

知識：

■ 關鍵字：*環境、相互依存、生態系、家畜、結構與功能、生存需求、比較異同*。

■ 動物基本需求：食物、遮蔽、遠離危險。

■ 寵物與野外同類的比較。

■ 寵物與人類相互依存的方式。

理解：

■ 寵物要能滿足基本需求才能健康並好好生活。

■ 動物的體型會影響其身體功能。

■ 寵物是影響生活以及健康的生態系的一部分。

■ 寵物需依賴人類才能存活與保持健康。

■ 寵物跟人可以讓彼此的生活更好。

■ 人們必須負起照顧寵物的責任。

技能：

■ 辨認寵物及與牠同類的動物，並解釋為何屬於該類別。

■ 比較寵物與牠在野外的同科動物。

■ 為特定的讀者敘寫說明文字。

編輯手記

致作者_____

你如何獲得並組織資訊？	你如何展現對動物的理想？	你如何謹慎對待作家守則？
· 至少使用三種資源。 · 蒐集並使用準確的資訊。 · 提供符合邏輯的說明，使讀者可依循及學習。 · 為你的想法提供支持性的細節。	· 將寵物與野外同類動物相比較。 · 顯示人與寵物密不可分的關係。 · 顯示動物的身體構造如何影響個體功能。 · 協助讀者全面理解，全心感激寵物。	· 使用完整句。 · 句首與專有名詞首字大寫。 · 正確使用所有格。 · 句尾標點正確。 · 拼字正確。 · 修正用詞。
評分	評分	評分
繼續加油	繼續加油	繼續加油

專家回饋板

作者與發表人：＿＿＿＿＿＿＿＿＿＿＿＿＿＿＿＿＿＿＿＿＿＿＿＿

你做得多好……	我們的建議
解釋如何寫出好點子 · 寵物與人的密不可分。 · 寵物與其野生同類既相似、亦不相同。 · 動物體型影響其個體功能。 　真是太完美了！＿＿＿＿＿＿＿＿＿＿ 　都做完了，但仍不夠明確＿＿＿＿＿＿ 　並不是做得太好＿＿＿＿＿＿＿＿＿ *解釋如何善用資源，讓成果更準確有趣* · 說明你如何善用資源，寫出有趣、精確的文章。 · 說明時，請用完整句。 　真是太完美了！＿＿＿＿＿＿＿＿＿ 　並未清楚說明如何在寫作中善用資源＿ 　並未全然使用完整句＿＿＿＿＿＿＿ 　兩者都沒做好＿＿＿＿＿＿＿＿＿＿ *與專家對話* · 表達簡明易懂、符合邏輯。 · 善用細節支持解釋。 · 大聲且清楚說明，使聽眾得以理解。 　真是太完美了！＿＿＿＿＿＿＿＿＿ 　都做完了，但仍不夠明確＿＿＿＿＿ 　並不是做得太好＿＿＿＿＿＿＿＿＿	

- 寫一篇依邏輯順序敘述想法或感覺的敘事文。
- 向讀者解釋重要想法，要有細節支持。
- 在寫作及口說過程中使用完整句。

相關標準

學生將：

- 理解訊息文字。
- 寫出知識性／解說性的文字來介紹主題，使用事實與定義來發展論點，並寫出總結性的敘述與段落。
- 完整闡述單一或系列事件，必須包含動作、想法及感受的細節，使用與時間相關的詞來提示事件順序，還要有結尾。
- 援引事實及相關細節說個故事或敘述經驗，口語要自然流暢。
- 為了提供所需要的細節與澄清，撰寫出與任務相符的完整語句。
- 藉由編輯與修改增強寫作技巧。

範例3的差異化

興趣差異化出現在兩方面：第一，學生可基於特定的興趣，篩選雜誌篇幅較少的文章；第二，當教師要求文章長度時，針對每位學生的興趣設定主題。在學習方式上的差異，則體現於學生可選擇在短篇文章中使用影像、圖表、音樂、文字、或其他方式。學生準備度的差異化，則在下列幾個層面呈現：(1)教師複雜程度不一的短文聯想作業；(2)教師基於學生的準備度及主題複雜度，分配篇目長度；(3)研究來源形式有多重閱讀水平；(4)教師採彈性分組，同質與異質交叉運用，學生得以在不同組員間回饋與檢視成果；(5)組織及表達方面有困難的學生適用於口說呈現模式，或跟隨專業小組的指示，而其他適應較強的學生則仰賴「待辦」圖表檢視所需元素。在所有的狀況中，學習目標都保持一致。

教師在極為不同的情境之下，針對不同內容產出三種總結性評量，然而這三種都恪守總結性評量編製的重要準則。評量方式都富有內涵並鼓勵學生去理解及應用所學，而非只是重新記憶知識或技巧。這三種評量皆清楚反映學生及教師所熟悉的KUDs，也在教學過程中清楚展現（並非那種「哈哈！考倒你了」的考試）所有的學生都被鼓勵以相同的先備知識、理解與技能來展現精

熟程度，但評量的形式也提供了足夠的彈性讓他們全力展現教學中之所學。再者，教師也用常見評量方式的不同基準來評量，不會比較學生之間的優勝劣敗來取得評量結果。總結性評量的應用讓教學比起那些明顯悖離原則的評量方式更加透明、富有意義、且對學生更有用。這些例子在在提醒我們，有品質的總結性評量其實就代表了有品質的教學。

評量、評分與差異化

大多數孩子從來不談論成績，但很多時候，成績不好讓他們感到愚蠢，然而幾乎大部分的時候這並不是真的。而且成績好可以讓其他的孩子認為他們更好，那也不是正確的。然後所有的孩子就開始競爭，並開始比較……應該幫助孩子的人卻沒有這麼做。他們只是施加更多的壓力，並不斷地考更多的試。

—— Andrew Clements，《成績單》（*The Report Card*）

在我（Carol）剛開始教學的第三個年頭，開學的第六天，一個非常安靜而勇敢的小男孩，在換教室的時候，低聲在大廳對我說話。他努力的說話，但他不太清楚的話語卻埋沒在幾百個學生充滿活力的聊天聲中，當時他們正從第二堂課移動到第三堂課的教室。我試圖讓他大聲說話卻未能成功，只好努力嘗試聽懂他想表達的事。最後，我終於聽懂了他所說的話。我以為他要我幫他打開他的置物櫃。這是我自己猜的，因為一個七年級生可能對置物櫃的使用和學校都不熟悉。他對我說的話，反而反映了對我們倆而言更為深刻和富有挑戰性的需求。他對這位素未謀面且身高非常高的女士所低聲說的是：「我看不懂文

章。」他15歲，而他從皺巴巴的課表瞭解到，他是我七年級語文課的學生，這門課由35個12歲的學生組成。他錯過了開學的第一個禮拜，但他還不能寫出全部的英文字母。

問題蜂擁而至，閃過我的腦海：如果他不識字，他怎麼走到現在？（這其實是不相關的問題，因為他是我的學生。）那麼你要怎麼教閱讀呢？（這其實也無關緊要。因為已經沒有時間思考這個問題了。現在只有想辦法要緊。）我需要讓其他的孩子知道他有特殊的需求嗎？或者我要試圖掩飾呢？（在七年級這個重視閱讀的階段，我如何幫助一個不會閱讀的15歲學生，讓他覺得有歸屬感和存在的尊嚴呢？）我如何找時間教他？（如果我因為他而開始不注意其他34個孩子，那麼會發生什麼事呢？）我應該安排他坐在教室的哪個座位？（坐在閱讀能力優秀的同學旁邊，這樣，同學才可以幫助他嗎？座位可以靠近我的桌子，如此一來，我便可以及時幫助他？）我用什麼教材來幫助他學習閱讀呢？（在我們的教室，幾乎所有文章都是針對這個階段的學生所書寫的。）

這些來自四面八方立即浮現在我腦海中的問題，都是我們所謂差異化教學最基本的問題。接下來的18年裡，我繼續在公立學校任教，花了很多時間試圖找到這些問題最可能的答案。從那時起，我以大學教師的身分度過我「人生的第二個階段」，跟我的同事和全世界教室裡的教師持續為大家解答。

這個男孩的名字是Golden。他為我的教師生涯提供了「黃金時刻」。他讓我不得不處理學生學習差異的現實情況，雖然在他出現之前，這對我來說已經很明顯了。我瞭解這個學生低聲向我坦白是出於對我的信任。現在，我已經不可能再忽視教室裡學生的需求差異有多大了。為了他，我必須想辦法積極因應。我那年並沒有睡得很多，但這卻讓我成為更好的教師；並且在接下來的幾年裡，我是一個更好的「管家」，可以照顧好學生，以便增加學校的能力。

到那學年即將結束的時候，Golden有三年級扎實的閱讀水準。根據要求，學生在春季的指定日期前，都需要達到標準的能力，不管他們的起始點在哪裡。Golden可能會失敗，我也有可能失敗。但是我仍然相信我身為教師最

偉大的成就，就是與Golden一起，以連貫與持續的方式，讓他慢慢進步，在一學年的時間內，使他成為一個程度在三年級以上的讀者。

Golden的出現誘發了這個問題，這比其他的問題還難回答。那問題就在於：「我怎麼幫他評分呢？」

我從一開始就知道，分數與成績單這種在傳統地位上崇高的系統，會造成吞食他進步的逆流。我清楚地瞭解，我需要對他說實話。「Golden，我想幫助你，讓你知道你是可以閱讀的。我保證我會努力地幫你做到這一點。我要你答應和我一起努力。我確實需要告訴你，雖然無論你多麼努力，你將不能夠通過這門課。因為如果你要通過的話，你在今年必須達到的水準是你完全達不到的。不過，我希望你能來學校，每天都很興奮地學習。」當然，我並沒有說得那麼明白，但這想法是當他在走廊遇到我時，一直在我腦海中呈現的事實。

對Golden以及我教過的學習成就低落、但穩定進步的學習者來說，分數扮演什麼角色呢？對於那些程度比他們同學高了一年、兩年或五年的學生而言呢？在我們評分的系統與成績單的制度下，有沒有任何救贖他們的訊息呢？

本章的目的不是為了提供一般評分機制的理論與實踐的摘要，而是探討最佳的評分方式如何能夠指引教師，在看待分數與成績上，我們能夠（以及我們不應該）扮演什麼角色，以至於像Golden一樣的學生、比較資優的學生和中等程度的學生，可以在我們的評分制度下達到良好的學習。

背景知識一點通

密西根州立大學的Paul Dressel（1983）給評分機制下了一個定義，代表了各年級的教師在教師職涯中給成績的時候，可能會產生的沉思。成績是「由一個有偏見又善變的裁判做出不精確的裁決，所產生不恰當的報告，顯現出學生在未定義的教材範圍中無法達成明確的精熟度」（p. 12）。

成績在我們的學校和在我們評分的對象的生活中，具有巨大的力量。我們經常講的成績，在某種程度上似乎是神聖的，這是一件永遠都不會改變的事實，因為改變這系統，不知何故就會造成一種干擾—— 一種大到我們都無

法負擔的干擾。事實上，成績是透過人來運行的。它是主觀的、凌亂的。相信Dressel（1983）的觀點，也許比敬畏地談成績要來得健康多了。

Tonya總是說分數和差異化沒有矛盾之處。問題在於一般評分的做法是這樣的混亂，以至於成績加上任何元素都會成為一個問題。然而，仔細研究這方面主題的專家，都有提供關於成績評分的最佳方式的研究文獻。任何成績和差異化的考量，皆需要至少從這領域的專家對成績評分目的的解釋開始。在成績與差異化之後較長的討論，也應當反映我們最好、最完整的評分機制，這也是源自於評量的領域，而不是從「一直以來我們的評分」方式開始。至於最後一點，Ken O'Cornnor（2011）在觀察時指出，雖然「我們現在比以往更瞭解人們學習的方式，傳統成績評分的做法仍然存在……往往這些做法不僅造成無效溝通，而且可能實際上傷害學生並曲解了他們的學習」（pp. xi-xii）。

成績的目的，嚴格來說，是「傳遞學生學習成績的訊息。評分是教師把評量轉變成有關學生成就有意義的資訊的一個過程，把這個訊息傳送給學生、家長和其他人」（Airasian, 1997, p. 261）。這簡短的解釋強調三個值得注意的元素。首先，評分的首要目標應該是幫助家長和學生（以及其他相關人士）明確地知道學生目前在學業成就方面的位置，而這個學業成就被定義為「以既定的標準和學習結果所測量出來的表現」（O'Connor, 2011, p.7）。換句話說，要清楚地傳達學生在特定的時間知道什麼、理解什麼、能夠做到什麼。其次，為了達到這個目的，傳達出的訊息以及溝通的方式必須要令使用者清楚瞭解。第三，評分過程是評量上一個獨立的階段，與管理和提供回饋或評分學生的成果完全無關。而關於評分這點，O'Connor（2011）區別出「標記」和「分數」的差異。他認為，標記只是教師放在學生成果上的數字或是字母而已。這後來也許成為成績的一部分。而成績是在指定的時間，作為學生成就的一個摘要性的論述符號。

儘管成績的存在提供給需要這個資料的學生、家長與其他人，成績其實有多種用途，但絕不限於當前學生學業表現的一種溝通。這些額外的目的包括：(1)將學生排序（例如：計算班級

排名和認定畢業生代表）；(2)激勵學生學習、或懲罰他們；(3)分組、排序或安置學生；(4)提供教師教學計畫的訊息；(5)教師和課程評量（Brookhart, 2004; O'Connor, 2011）。這些成績的用途，其本身之目的就相互矛盾，並且評分過程也有不同方式。

使用成績達到所有這些目的，也令人懷疑為這些目的而評分的效度有多高。更明確地說，由通用的評分機制無法讓家長和學生明白學生在一段時間之中，針對特定的目標，學生到底知道什麼、理解什麼，還有會做什麼，或使用這種理解來支持學生的學習。

那麼，讓打成績成為在教學評量的循環中，成為正面和富有成效的元素是關鍵的，這樣一來，教師和其他教育工作者可以瞭解有效評分的基本原則，並且努力確保這些原則可以反映在評分的過程上。以下的部分描述了四個基本的評分重要概念：錯誤、信度、效度、以及教師的偏見。

有效評分的基礎

瞭解和處理錯誤、信度、效度、以及教師偏見的概念，提供了穩定的評分過程的四個支柱。這個概念應該存在於教師的思考中——每當他們計畫、舉行、批閱及品評評量的時候。這個目標是為了提高信度和效度，並減少錯誤和教師的偏見。

Jamie真的很愛爬蟲類，而且知道很多相關的知識。昨天他在自然科學課做了爬蟲類測驗。然而，他誤解了測驗中部分的說明，所以他的成績只有75分。事實上，即使他沒有誤解測驗說明，他知道的也比測驗內容所呈現的要更多。

這個簡短的情況說明了「錯誤」這個概念。由於測驗是由人類所設計，也由人類來進行，可能無法完美地測出學生對於某個主題所具備的真正的知識。評量分數與學生在某個主題上真正的知識、理解及技能的落差，就是所謂的「錯誤」。錯誤也可能因為各種不同的理由而出現：一個措辭不佳的測驗是學生因為語言流暢性而看不懂評量說明，學生的學習障礙或注意的問題，測驗時間不夠，學生是餓了、還是不舒服、或者是擔心家裡的事，老師恐嚇學生等等。有效評量的主要目標是要努力消除

錯誤和理解錯誤存在的事實。要設計與管理測驗，讓它們盡可能接近學生的「真實分數」或反映出理解的全貌應該是教師的目標。本章其他部分主要聚焦在減少評量與評分錯誤的原則和應用。

Danielle得到代數考試A的成績。她下課對她的朋友說，「哇，這是我的幸運日。我剛好想起老師在黑板上所寫的，然後就把我記得的寫在考卷上。我想那樣做一定是正確的，但如果我今天再考一次，我鐵定完蛋！」

Danielle的經驗讓我們質疑這個測驗的可信度。因為她不明白她已經學了什麼，如果她明天或者下週在其他教師的課再測驗一次，她的成績必會大大的不同。信度提出了結果一致性或穩定性的質疑。在同樣的KUDs下的多元評量，學生的成績如果愈穩定一致，這個評量則愈可靠，教師才可以對從評量測出的結果更有信心。對於一個特定的主題或章節的重點，使用不同種類的評量形式，以及對於這個單元中的重點與同事合作並達到共識，如此才可以提高信度。

Mayan計畫在下週考第一次的生物大考前，請教一下學校高一各年級的學長姐，他們會知道她應該讀的是課本還是筆記。她希望她要讀的是課本。她可以些微地知道課本的內容。當她在課堂做筆記時，她常常不知道自己有沒有寫到重點。除非她可以知道教師的重點在哪裡，否則她對準備考試一點方向都沒有。

Mayan準備生物考試的計畫，使考試的效度問題浮現出來，以及評量是否可以精確地測出教師要測的東西。如果教師清楚瞭解該單元的KUDs，在思考前期就用KUDs來教學，並設計考試來測量KUDs，那麼Mayan就更可能會成功，並且該測驗將更可能是有效的。使用「反向課程設計」（Wiggins & McTighe, 1998），確保學生瞭解KUDs以及它們如何反映在教學中，把形成性回饋的目標著重在KUDs上，而且檢查特定的KUDs的評量項目、方向和成功標準，這是幾個提高評量效度的方法。

Philip和Liza正在看他們剛剛收到的整個神話專題的成績和評語。他們不會看彼此的作業，但如果是一個客觀的教師來比較這些學生成果，可能會引起一個問題，這問題就是：為什麼Philip的分數比Liza的高？他們兩位都

創作神話故事，呈現出這個神話故事在一個文化中的目的，這就是教師教學指引所強調的。Philip的插圖表現非凡，但是Liza的筆跡卻不是很理想。此外，Philip顯示出他對課程的主題很感興趣，而Liza大部分的時候都顯得百般無聊。Philip的媽媽甚至帶來一些其他文化中的神話資源，並且評論他有多麼努力做這個專題。

這個場景每天都在教室裡發生，不是因為教師刻意營造不公平的情況，而是因為他們是人。他們很難不偏袒那些似乎很投入課程的學生或他們的父母。當一個學生一直給課程帶來壓力，教師不把負面的想法帶到成績上是很困難的。教師的偏見因此就發生了，因為教師是人，他們的感受、體驗和期望每天伴隨著他們。明智的教師承認偏見的必然性，所以盡可能地減少偏見。當教師對學生的作品或作業，制定明確的標準和評量基準或質量指標、以及學生的任務，並有系統地給學生回饋或成績，而回饋與成績是直接以這些目標和指標為基礎的，他們就可以減少偏見。當他們與同事一起注意課堂上會有偏見的情況，以及偏見會如何影響教學，他們也可以減低偏見的發生。

在這章節的其餘部分，我們對於優質評量與評分機制提供了原則和做法。找一找有關錯誤、信度、效度和偏見的解釋的參考。想一想這些概念跟自己教學工作之間的關聯。持續不斷地努力，以增加評量的信度和效度，並減少錯誤和教師的偏見，這反映教師有心要做到最好的評量。這也很可能可以減少教育工作者認為在有效執行差異化的教室中，評量與成績存在的大部分「問題」。

評量、評分機制和差異化的相關問題

全世界的教育工作者可能最常被問到有關差異化的問題就是：「我該怎麼打分數？」大家普遍認為差異化和評分，在某種程度上是很難兩者兼顧的。這樣一來，有關評量、評分機制和差異化的問題可以分為兩大類：真正是一種誤解的問題，以及差異化基本理念與目標的問題。

差異化班級學生評量

誤解

　　評量、評分機制與差異化的兩個常見問題，屬於誤解這一類。第一是內容目標或KUDs的問題；第二是評分機制與成績的「標準」的問題。

　　一些教育工作者認為，差異化是給不同的學生不同的目標。這觀點不僅使教與學變得更加撲朔迷離且複雜，也把評分機制變成了一場噩夢。大家有必要知道的是，真正的差異化是針對同樣的內容目標，提供多元的途徑和支持系統，以至於幾乎所有的學習者，在獲得相同的基本知識、理解與技能下，可以達到更大的成功。因此，在差異化的課堂中，教師不是用不同的目標給學生打分數（除了某些有個別化教育計畫的特殊學生外），而是會根據學生的情況，依據KUDs給予學生回饋和分數。

　　此外，一些教育工作者感到好像差異化可以讓教師對學習困難的學生評分更為「容易」，而給優秀學生的評分反而「變難」了。這同樣也是一種誤解。差異化並不是要動搖成績。我們在本章後面會有更詳細的討論。事實上，在一個差異化的教室裡，所有學生應按照相同的明確界定的標準（KUDs）來評分。差異化的教室確實是提供了學生最多達標機會的環境。如果可能的話，甚至可以超越這些標準。

核心問題

　　雖然有些涉及到評量、評分與差異化的問題，根本不是或不應該是個問題，但至少有三個彼此相關的問題，而它們直接受到評量和評分影響。首先，差異化提出包括評量和評分的課堂教學，都應該設計成有助於學生和教師成長的思維模式。其次，差異化的存在是為了保持學生的成功對努力呈正相關，也就是說，不管任何程度的學生，都可以清楚地看到他們的努力通常會導致可見的成功。第三，差異化提出團隊精神、社群或合作，對學生的成功是不可或缺的概念。學生和教師相互尊敬地共同努力，以達到最大的成長空間。目前很多評分機制，與前測（或缺乏前測）、持續性評量、總結性評量及成績單相關，有違以上三個目標。

　　在評論成績潛在的效應，Earl（2003）反思，「對一些學生而言，受到讚揚與學業成就的確已成為一種毒品；他們不斷地想要更多。對很多其他

的學生而言，一年又一年一直『不夠好』，已經蠶食了他們對智力的自信，並導致了一種萎靡不振的麻木心態。」（p.15）目前的評量和評分機制的做法也無益於第三群學生，那些成績平平又不斷得到他們「只是一般」的訊息，這是不可能改變的。

更不用說，這三種學生占了學校很大比例。我們的教學、評量與評分的方式，往往有悖於這種信念的發展，那就是，在學校，如果我們努力並且有好的支持系統，我們可以學會任何成功必要的條件。我們教學、評量與評分的方式，往往顯示一些同學的努力沒有回報；而對其他人而言，努力不是成功的必要條件。這兩種都是動機的致命傷。我們教學、評量和評分的方式，常常產生課堂中的贏家和輸家，並削弱了如果我們教學相長都會變強的觀念。因此，有效的差異化教室必須投入與教學產生共鳴的評量和評分的機制，並明顯地支持所有學生學習的努力。

然而，我們也相信，一個成功讓大多數學生能力達到最大值的教室，是建立在教學各方面的最佳實踐──學習環境、課程、教學、課堂領導和管理、以及評量和評分。因此，本章的基本問題是：是否有方法可以反映和支持最佳的評量、評分、以及差異化的基礎？

我們的結論是，評量和評分的最佳實踐必須兼容和支持質量差異化的目標。也就是說，當教育者實施專家對測量的意見，這其實與差異化在評量與評分上的理念和實施是沒有衝突的。事實上，最佳的評量和評分有助於並可增強一種充滿活力的差異化教室。

評分機制和成績應被看作是在更長的教學、回饋、測驗週期中的某些片刻。教與學才應該是教室主要的焦點。前測和持續性評量反映出教與學的歷程。在學習單元的某些重要時刻中，總結性評量測驗學生邁向與超越KUDs的成長，因而產生了成績單上的標記。在指定打成績期間進入尾聲，教師的標記轉換成成績，並在成績單上呈現出來。評分與成績單應反映和支持良好的課室教學，而不是支配教學。

有效評分機制的指導原則

測驗和評量專家普遍認同一些有效評分的做法。例如：成績應該有跨越班

級的一致性（Brookhart, 2013）。將重點放在以計算成績爲基礎的相同KUDs上，這應該在不同的班級都是一致的。也就是說，教學和評量最要緊的是，在一個四年級的數學單元裡，教學與評量的重點應該是跟其他四年級班級在同一個單元是一樣的。成績也應該是準確的。換句話說，不應該有「數學扭曲」而導致誤判學生現況的發生。對收到成績的人而言，成績應該要是有意義的。換句話說，成績應明確地溝通和傳達有用的訊息。最後，成績應該支持學生的學習。也就是說，他們應該盡可能精確地在特定時間傳達出學生目前知道、瞭解與做了什麼（O'Connor, 2011）。一致的、準確的、有意義的並支持學習的成績，必然反映一個教師在評量與評分過程中，成功地提高信度和效度，並將錯誤和教師的偏見降到最低。

隨後評分的原則也該是一致的、準確的、有意義的、並支持學習的原則（Black & Wiliam, 1998; Earl, 2003; Hattie, 2012a; O'Connor, 2011; Tomlinson & McTighe, 2006; Wiggins, 1998）。這些評分原則必定涉及形成性、總結性評量、以及評分時刻，因為這些都是評量週期的一部分。在簡短討論每個原則後，會產生一個關於這個原則可以如何促進有效評分的基本概念的陳述（信度、效度、錯誤和偏見），以及對於有效評分的描述（一致的、準確的、有意義的和支持學習的）。還要有一個原則的陳述，說明如何處理差異化的特定目標，包括培養成長思維模式、平衡學生努力與成功的比例、以及建立教室裡的學習社群。

1. 以明確的學習目標評分

這是一個簡單的想法 —— 學生能達到任何他們看得到且爲他們準備的學習目標（Stiggins, 2001）。但很明顯地，這個想法可能是一個大家在課堂上努力制定的目標。幾乎所有的教師都可以確定學生將在一個星期或一個學習單元中學習到什麼內容，以及學生將在一個規定的學習過程中做什麼。但是我們沒有幾個人可以有信心與清晰地瞭解學生在同一個時段應該知道什麼、瞭解什麼與能夠會做什麼。在一個課程單元開始前，缺乏這種清晰的瞭解，課程變成一種不夠明確地訊息的蒐集，教學容易超出課程，評量則變成一種猜謎遊戲。

另一方面，當教師清楚地瞭解KUDs，以及可以如何運用它們來幫助學習者理解與使用課程內容，這不是代表教師向前跳了一大步，以確保學生明確瞭解知識理解與技能。在這個階段，課程有了目的性，而學生也理解這個目的；評量是幫助學生看到他們離目標有多近的透明媒介，以幫助他們繼續朝向目標成長與卓越；而成績傳達出學生相對於已知目標的學習狀態。沒有明確的KUDs和教學計畫，以及無法在各方面有效使用學習目標，它們就會搖擺不定或從視線中消失。「學生已經習慣了接受課堂教學為一種漫無目的的練習，而沒有總體的基本原則。」（Black & Wiliam, 1998, p. 143）分數變成神祕的符號並賦予相當的權力，但其價值卻令人懷疑。

一般有效的評分機制包含：明確規定特定的KUDs，以增進跨班一致性的信度，以及提升確保評量可以測量出他們預計要測量內容的效度。它透過將學生和教師的焦點放在最重要的事情上，因而減少錯誤產生；而且它透過提供成績所需評量的特定標準，也減低了偏見的出現。

對差異化目標的貢獻：該原則增加

了學生努力學習並參與評量將會成功的可能性，因為有了成功的明確目標與標準。它也支持了成長型的思維模式，因為明確的學習目標使學生有效與有信心的朝向目標學習。而且這也讓學生的學習社群有明確的共同目標和成功標準，以幫助彼此進步。

2.使用以標準為基礎的分數，而不是以比較或規範為基礎

當學生們彼此相互比較，他們最終會相信他們的目標是競爭、而不是個人的進步。通常，這樣的結果是，學習困難的學生最終會開始相信他們缺乏成功的能力，而成績優異的學生得到結論是，成功是一種權利，而不是投入和努力的結果（Black & Wiliam, 1998）。教師的目的應該是千方百計確保所有學生達到特定目標或標準的成功，而不是將他們排序和排名。教師用他們的專業增加對學生的影響力，讓愈來愈多的學生因為規定的標準而可以成功。我們很少有人會選擇掛號一位相信曲線治療的外科醫生的門診看病。曲線評分是「沒有任何明確的有效標準的假象，確實是在教室心理測量層面站不住腳」

（Wiggins, 1998, p.248）。它可能可以提供有關在班級中學生的一些訊息，但這不是學生的「學習成就」（Marzano, 2010, p.17）。

對一般有效評分的貢獻：這個原則透過提供穩定的學習成就標準，增加信度，也確保成績是以內容目標為主，而非個人的變數。它可以減少教師試圖比較個人時所產生的偏見。同時，它可以減少教師試圖比較個人而沒有根據穩定的標準進行評量時所產生的錯誤。

對差異化目標的貢獻：該原則使學生「跟自己競爭」，因為他們努力達到穩定的目標，而不是感覺總是因為被拿來跟成績較好的學生比較而感到苦惱，或是他們都一定要是班上前幾名。透過專注於學習成長，它激起了所有學生學習成長的思維模式。藉由強調個人成長，它平衡了成功與努力的比率、而不是競爭。它藉由減少競爭，反而有助於學習社群，並削弱了贏家和輸家的文化。

3.不要對學生成果過度評分

學習富有挑戰性的內容 —— 真的學習，使它是具有意義的、有用的、並且是可轉移的 —— 需要艱苦的努力和大量的練習。在這種深度學習的過程中，出師不利、錯誤和重新定向都必然會發生。對學生所做的每件事都評分，會打擊這種解決難題的精神，而這剛好是複雜的思維和真正理解的根本。讓學生看到我們要求學生在學校或在家練習的，跟他們學習成長有直接關聯性是很重要的 —— 也就是練習的品質和發展的能力間的關聯性。青少年經常幹勁十足的練習，以至於變得更好。不論是籃球、足球、演奏樂器、繪畫等等。他們真的「看」到這種練習可以使他們進步。他們不期待、也不想要在每一個練習環節都有一個成績，因為他們在「評分時刻」（*球賽、游泳比賽、獨奏會、比賽或展覽時*）清楚看到練習使他們更為熟練。一般教師說，「除非我們評分，否則學生不會唸書。」這其實指出在學生心目中的練習和結果的脫節。對學生所做的每件事都評分會延續這個問題，而不是解決問題。成績應該從總結性評量得到，而非形成性評量。當我們給正在學習的學生評分時，他們經常把成績當作學習（Hattie, 2012a）的結果。

對一般有效評分的貢獻：這個原

則提高了信度和效度，因為它需要考慮到，學生的學習很可能要更安全。它透過提供練習的時間來鞏固學習，而非過早地判斷學習以減少錯誤。

對差異化目標的貢獻：該原則透過關注學生學習而非過早判斷，鼓勵一種成長思維模式。它鼓勵了正在掙扎的學習者透過延遲判斷而堅持下去，以及讓成績優異的學習者在他們有機會發展能力前，接受有意義的挑戰，而不用擔心會「失分」，從而保持成功與努力的正相關。

4.僅使用優質評量

優質評量與較高的學生成就有關（Black & Wiliam, 1998），也許是因為這些評量可以顯示教師在其規劃和教學的高品質，以及也許是因為這樣的評量鼓勵學生在學習過程中能更積極地參與。當評量可以在明確指定且學生也知道的學習目標（KUDs）上，有效地衡量學生的能力，而且謹慎地與教學一致，評量才是有效的。沒有陷阱題或「騙到你」的選項！同樣重要的是，該評量的方法是與我們要評量的學習一致。舉例來說，一個精心設計的選擇題

或填空題考試，往往非常適合評量學生的知識。一個成就評量或精心設計的作品的評量，用來確定學生對內容的理解和他們應用及轉移理解的能力是更好的。還有一點很重要，就是也要確保評量提供了充足的機會，讓學生顯示出他們精通學習內容的哪個特定部分。換句話說，一個重要觀念只出一題，可能會增加學生出現誤解的機會，而學生可能只是沒有理解這個問題。考慮評量相關造成錯誤評量問題，也很重要。舉例來說，學生可能無法理解試題說明，或者有遵循多重步驟指示的困難，而這評量包含五個步驟，或可能同時需要額外的時間來完成這個評量，或可能缺少家庭資源來完成作品評量。父母的幫助也增加了評分的錯誤。在這種情況下，評量無法顯示出學生對學習內容的知識理解與技能。

對一般有效評分做法的貢獻：這個原則提高了整個教室的信度，而且對於將評量專注於學習重點，也增加了它的效度。它透過充分採樣重要的知識理解與技能，減低了錯誤；消除「騙到你」的選項；並處理了可能造成呈現不準確精熟度的學生變項。

差異化目標的貢獻：該原則有利於平衡成功對努力的比例和增加成長型思維模式，確保把學習焦點放在重要與特定且學生都知道的目標上；適當地採樣學生的知識、理解和技能；考量可能扭曲學習成就的學生變項。

5.減少「成績迷思」

成績迷思的出現，是來自於教師在教學評量評分週期所做的事，它們模糊了成績辨識度的意涵。我們回想一下，一個成績應盡可能清楚地把學生的知識理解與技能，傳達給學生、家長和其他相關人士。在教學評量的週期評分之前，成績迷思開始出現，是當教師因為一個作品不整齊、遲交、或學生忘記寫名字而扣分。成績迷思會繼續模糊評分的內涵，當教師額外增加分數，包括加分、把出缺席當作分數的一部分、包括團體成績、結合學生行為表現在成績中、或列入作業成績。所有這些比較常見的做法，使得透過最後的成績看不清楚學生在學習上的精熟度到底是什麼。學生在期末總結性評量上拿到A是很平常的，但因為學生只有繳交零星的作業，那麼他的成績單上則會是C。以下

這種情形也時有耳聞，一個熱心但閱讀技巧不好的孩子必須繳交額外的作業，才會拿到語言科B的成績單，但這個學生實際的水準應該只有C或C-，這樣評分才算精準。當一個成績提供多種能力的精熟度，它便沒有辦法表示精熟任何一個能力。如果你在想，「是的，但寫功課可以訓練學生的責任感」，或「與小組合作是很重要的」，我們同意。3-P評分的討論（原則8）將可以解決這些問題。

一般有效評分做法的貢獻：這個原則提高了信度和效度，並藉由注重評分的結果和以重要與觀念銜接的目標打成績，而不是比較不重要的變因為主，可以減少錯誤的產生。透過把評分的焦點專注於重要闡述的內容目標，而不是針對較不重要的學生變因，這樣可以減少教師偏見的產生。

差異化目標的貢獻：這一原則透過聚焦於學習重點和學習成果，而不是與學習無關的變因，減少把成績當作獎賞或處罰的做法，有助於學生發展成長型思維模式。

6.消除「成績計算的迷思」

在評分時，常用的兩種計算過程，造成了學生無法精確傳達學生學習和不必要的沮喪。其中之一是沒有交作業時，或是如果學生評量時作弊，就給零分。「學生因為缺交作業或違規被打零分作為處罰時，成績就破局了。因為這樣缺少證據或把成績作為懲罰。使用替代方案，如重新評分，以確定真正的學習成就，或是使用『I』表示證據不足。」（O'Connor, 2011, p. 95）引導學生對於未完成的作業制定補救計畫。針對像是作弊這樣明顯的背信行為制定補救辦法，如欺騙。

零分在至少三個層面是有問題的。首先，它對成績有極端的影響，這使得學生無法恢復真正的成績。第二，實際上，零分教給學生的是，如果他們願意接受零分，他們就可以不用做作業，而不是教導學生責任感。可悲的是，許多喪志的學生接受零分，而從來沒有精熟他沒有繳交的作業的學習目標。最後，零分明顯地阻礙了學生對學習過程的投入，這樣一來，學生已經認定學校是乏味的，而且學業成功也是不可能的。

第二個成績計算的迷思是計算平均分數的過程。成績反映出一個學生的「平均數」的分數，O'Connor（2011）斷言說，這其實對學生是很「不舒服的」，因為他們過分強調離群分數（低分群是最常見的），以及扭曲學生實際學習的情況。這可能是因為有些評量比其他評量包含更容易或更複雜的選項，所以不應該在評分時給予相同的配分。同樣地，有些評量比其他評量測驗出比較重要的概念。在其他情況下，一個成就評量、而非選擇題測驗，在相同的時間內，可能在學生對內容的理解上，提供更準確的資料。有許多原因表明為什麼不能在評分期間，所有評量都同等重要，因此，這就是為什麼它們不應該在計算成績時用一樣的配分。

與其計算出平均分數，使用學生成績中的中位數（中）分數，或使用學生的眾數（最多獲得）的分數，更有道理。事實上，一些專家在評分上（如Guskey, 1996; O'Connor, 2011; Wiggins, 1998）表示，使用任何機械式的成績算法都是不明智的。他們建議教師需明白，評分是基於判斷，而有效的評分需要教師用自己的專業判斷來決定怎

樣的成績可最適切地代表一個學生在特定時間內的成就。成績單上的字母必須是明確且客觀的，但它實際上涵蓋了許多的判斷、模糊地帶、以及需要說出與辯論的問題（Wiggins, 1998）。

　　一般有效評分做法的貢獻：這個原則藉由聚焦在學習週期中，學生的知識理解與技能，因此增加成績的信度與效度。它透過提供學生針對相關特定目標能力的精確藍圖，減少錯誤的產生，並藉由把行為與成績分開，減少偏見的產生。

　　差異化目標的貢獻：這個原則支持發展成長型思維模式以及藉由聚焦學習，平衡成功對努力的正相關性，把行為因素從成績中移除，能避免學習落後、疏離與被剝奪權利的學生變得更加沮喪。

7.在評分週期的晚期評分比例重一些，而非早期

　　這一原則處理學習時的需求，如同原則3一樣。然而，這要從一個稍微不同的觀點來看。這一原則的目的可以Derrick為例，他是一個來自低收入家庭的學生，他在青春期階段努力想在學校表現良好。在他的努力之下，他繼續奮鬥，最後上了大學，而且在大學時期相當的成功。身為大學生時，他反思讓他很難堅持下去的問題，都不是他許多朋友的問題。他回憶起對他來說最艱難的時候，就是當教師對他說，他的成績比他們預期的還要低。他們的評論通常是這樣的：「你的考試拿到A，但你在期初有幾次測驗成績把你的成績往下拉。」Derrick說，「不知道為什麼，我總覺得自己因為繼續努力而被處罰。」如果教師這麼說，那就太好了：「我知道你一直在努力，這終究是值得的。在學期初，你的成績比較低，但你一直努力，在考試前把學習內容都精熟了。這樣讓我知道你學到了你需要學習的東西，這對你是有好處的！」當一個學生在評分期間的後期得到較好的成績，這顯示他的努力和成長，也正是兩個成功的主要指標。在同一個學習內容中，早期的缺陷不應該削弱學生的成長，或使他無法堅持下去。一個學生隨著學期的進行而學到了更多，這個事實也顯現出，教師的教學方式能夠幫助學生克服期初的困難。

　　一般有效評分做法的貢獻：這個

原則增加成績的效度，透過強調學生有充分的機會學習，而非在學習完成以前就這麼做。它藉由避免過早評量學生的「學習」而減低錯誤的產生。

　　差異化目標的貢獻：該原則透過辨識學生學習的持久性會增加學生的成長型思維模式和成功努力的正相關。它透過關注學生的成長，而不是關注早期的缺陷，以增加教師成長型思維模式。

8.在成績單上，使用3-P評分機制

　　本章前面我們認為，教師和其他教育工作者使用成績來代表許多相互矛盾的元素，以至於成績基本上無法清晰地傳達學生的知識理解與技能。許多評分專家證實，這個現實無法否定一個事實——教師想要幫助學生多元發展，包括、但不限於責任感、同儕合作、力求優質作品等等。這裡的一些因素，對發展成長型思維模式以及成為一個成功的學習者而言是重要的。測驗專家一致同意，有關學生發展的各方面的訊息，對家長和學生都非常有用。他們所不同意的是把雜亂無章的訊息混入到單一符號中。「當我們試圖要把各種學生的特質用一個成績包裝起來，這成

績完全無法有效地反映其中任何一項特質。」（Stiggins, 2001, p.441）Stiggins（2006）主張這種做法導致大雜燴成績的結果，而且也產生令人混淆的亂相，以至於無法解釋，而且還可能呈現出學生能力的不精確圖像。

　　一個解決這種難題的方案就是所謂的「3-P評分機制」，也就是就以下三個項目單獨給分：學生的成就或成果（performance or product：*這是獲得學生知識理解和技能的最佳訊息*）、學生學習的過程（process：*造就竭盡所能的成功人士，以及我們幫助學生發展出的思考與工作習慣*），以及學生的進步（progress：*學生在評分期間特定KUDs的成長*）（Guskey, 2006; Stiggins, 2006; Wiggins, 1998）。大家都知道，這三個元素不應被平均成一個成績；反而，它們應該分開評分，並且有明確的指標，標示每個要素代表的意義。成果或成就分數明確表明學生KUDs的學習情況。過程成績包括諸如該學生面對困難是否會堅持下去、會使用反饋來提高學習表現、在需要時會要求觀念澄清、尋求從不同角度看待問題等等。如果教師深信給學生的功課是適

當的挑戰，以及在促進學生的學業發展是有用的，而且也深信這是學生單獨的作品而不是父母完成的，它可以被包含在一個過程成績中，表示學生有責任感去承擔所分配到任務的指標。

3-P評分機制與成長型思維模式是緊密一致的。這表示如果個人努力地和聰明地精熟特定的目標（過程），他們將可以繼續朝著這些目標（進步）成長，直到他們精熟這些目標（成品或成就），而且甚至可以超越它們。有效的3-P評分機制需要教師去開發和共享在學習內容中經過思考的進程，這可以從學習進度開始，如同第4章所討論的。此外，開發和共享的指標或評量基準是很重要的，因為它可以描述出豐富的思考習慣和作品（過程）的特質。Art Costa和Bena Kallick針對這個主題的作品，像是《以思考習慣學習和領導：16個成功的基本特質》（*Le: arning and Learning with Habits of Mind: 16 Essential Characteristics for Success*, 2008），能幫助我們理解思考習慣和成功的關係，也說明什麼是思考習慣。正如我們一直在這本書中強調的，他們也認為教師清楚地描述成就目標，讓學生和家長瞭解學校課業與家庭功課的遊戲規則是很重要的——還有成就與成果分數的意義。除了提高學生對學習過程效能的理解與讓父母清楚瞭解成績的意義之外，從過程、進步與成就中，努力清楚地闡述訊息——尤其是當這些描述的訊息在所有教室被共享的時候——幫助教師在減低誤差與偏見的同時，也提高成績的信度和效度。

它在3-P評分機制下可以有效地將付出與過程區分開來。有成長型思維模式的教師會鼓勵學生努力，或為自己學業的成長貢獻心力。這種鼓勵穩固地建立在「要成功就得努力」這樣的基礎上。然而，當談到評分機制，詞彙需要改變一下。它不可能準確地觀察到努力，而且我們也不能（或不應該去嘗試）評分我們無法觀察的項目。因此，在3-P評分機制下，有一個從努力到過程的詞彙轉變。我們可以觀察到，學生自願修改他的成果，以提高其品質。我們可以觀察到，當學生求助時，是卡在她的作品的某部分。我們可以觀察到，學生發展出時間線以完成一項複雜的任務，並遵循它。那些「思想和工作習慣」是與成功人士有關的「智能過程」

指標。良好的評分機制需要我們使用顯而易見的指標。然而也很重要的是，教師不只是跟學生一般性的談論「努力」或「下功夫」，而是得把努力的特質教給學生，讓他們的努力在學業成就上得到回報，並引導學生發展和發揮這些特質。

教育工作者當然可以設計類似3-P評分機制的成績單。缺乏這種成績單（或學區才正要往該方向發展），教師可以而且應該與家長及學生談論有關3-P評分機制的做法，說明瞭解學生在特定時間內，在各領域定位的意義，並使用此知識來支持學生學習成長。教師可以彙整學生的表現、過程和進展，記錄在成績單中的評語欄、在成績單的附錄上、在定期的電子郵件通信中、在親師會中，當作學生學習檔案的一部分，透過學生製作的個人報告或其他的方式。

一般有效評分機制做法的貢獻：這個原則將學習成就與過程及進展分開，以增加成績的效度並減少錯誤。

差異化目標的貢獻：此原則增強了學生全面性的訊息，包括他們努力成長且最後達到精熟的程度，甚至超越重要的目標。

9.開放評量和評分的過程

讓學生參與評分和成績的過程，以及前測和形成性評量。在學生很小的時候，就應該能夠將他們學習目標、課堂與家裡的作業、總結性的作品、評分和成績之間的點相連結。他們應該能夠對自己、教師和家長解釋，他們的讀書與思維習慣何時讓他們的成長、何時沒有，以及他們可以做什麼才能將他們的努力聚焦於促進他們的成長。此外，不要讓成績單成為與家長和學生對於學習的唯一溝通管道。對於學生個人與學業發展要能持續和共享式對話，讓每個參與的人有機會對學生的成功成為掌握資訊的貢獻者。當教師強調對學習有用的回饋，以及弱化一年那四次成績的重要地位，評分機制就可以卸下它神祕的面紗；更重要的是，可以讓共享學習過程成為一種可能。

一般有效評分機制做法的貢獻：在教師、學生和家長可以發展出一個對目標和過程的共同理解之下，公開對話的原則應有助於提高成績的效度。

差異化目標的貢獻：該原則透過幫

助學生在學習週期中，獲得對評量的理解、為評量負責、並參與評量與成績，促進學生成長型思維模式的發展。

關於成績與差異化的最後說明

我們很容易不知不覺地就以為分數和評分的做法可以解決教師重大的問題。例如：教師似乎抱持著成績將激勵被動的學習者，使他們在學習上投入更多精力的希望；或者說，他們將繼續激發成績優異的學生熱切參與；抑或，他們將鼓勵「心不在焉」的學生能夠更專注。事實上，成績往往強化學習落後學生的絕望感，卻激勵成績優異的學生獲得更多的好成績，而不是去學習，而對那些自有安排的學生則完全無關緊要。

學生帶進教室的各種差異包括學術取向、在校內外的經歷、興趣、他們喜歡的學習風格、基本的語言能力等等。不管這些個別差異為何，所有學生應該精熟相同的內容標準，除非在紀錄上有正式計畫表明並非如此。學生差異與共同期待並存的事實，需要教育工作者創造出尊重那些差異的教室，也因此建構並提供滿足學生達到共同內容期待的不同方法。

有效關注學生的差異，能鼓勵學生成功地達到更高水準的熟練程度，提供了一個支持學習風險的環境，並給學生樂觀的理由，告訴他們，每天在重要目標上都會有更多的成功機會。既沒有證據、也沒有常識顯示出成績是「固定」學生差異的有效機制。成績最好的情況是，它們明確地呈現給學生和家長看學生在這環境中的發展，在此所有努力都是為了將學生從他們在內容領域的開始繼續向前移動，同時解決他們不同準備度的需求、學習興趣和學習方法。

在測驗領域中，教學被認為是學生所接受的「治療」。設計出一個治療方式可以將每個學習者的能力達到最大，才是差異化教學的核心任務，並且應該是教育努力的核心任務。優質評量機制促進這個任務，但並不能取代它。

差異化課堂的有效評分機制：快速回顧

評分機制是在教學、學習與評量的更長週期內，發生在指定終點的一個過程。成績的目標要清楚地傳達給學生、

家長和其他相關者知道學生在明確界定學習目標下的相對位置。由於評分機制是由人完成的，它涉及到判斷、主觀和錯誤。成績對學生有利有弊這個現實是非常重要的。尋求使用最佳的評量和評分機制的教師，努力以確保其評量和成績的信度和效度，同時也努力減少錯誤和偏見。

某些原則支持優質評分機制和相關評量的做法則普遍可以提高信度和效度，同時也減少錯誤和偏見。他們不只反映出推薦的評分機制和評量做法，也支持差異化教室的三種目標：在學生與教師身上發展成長型思維模式，保持學生成功對努力的正相關，以及構建教室社群。這些原則如下所示：

1. 基本成績應該訂在明確規定的學習目標上。
2. 根據標準使用成績，而不是以比較或常模為根據。
3. 不要過度給學生的表現評分。
4. 只能使用優質的評量。
5. 減少「成績的迷思」。
6. 杜絕「計算成績的迷思」。
7. 在評分週期中的後期評分加重，而非在前期。
8. 當評分的時候到了，用3-P評分機制。
9. 開放評量和評分機制的過程。

關鍵個案

下面是四種與評分相關的課堂案例。前三個提供一些結構化的應對方案和一個開放式的應對方法，來引導你在該案例中的評分情況的思維。無論選擇哪個選項作為你的首選回應，請闡明你為何要做這個回應，以作為對本章所提出的指導方針的回應。

第四種方案是比較混亂的，因為它包含更多變數，而且是完全開放的。你也想想你認為有效的評分機制是什麼。請用你的理解提出建議來幫助遇到這個狀況的教師。

案例1：十年級歷史課

在十年級美國歷史I班，Wright老師的第二個九週的成績單評分是根據四個小考、兩個隨堂測驗，以及一個占了分數30%的課外專題。Carter在小考與兩個考試上獲得平均A-的成績，但還沒有交專題作業，儘管教師一再要求，

作業還是遲交三天。在這種情況下，懷特老師必須：(1)給他的專題零分，而把其他的考試，如：小考、測驗成績和專題成績做平均，這樣他將會得到平均是D的成績單；(2)給Carter比A-還低的成績，因為遲交專題作業再扣一些分數；(3)計算九週整體的成績，而把缺交的專題成績排除在外；或(4)其他的方式。

案例2：七年級科學課

Hernandez老師任教於異質分組的七年級科學課。Zoe是一個思路清晰的資優生，常常問一些值得深思的問題，並且很會寫作。

看著Zoe最近的功課，Hernandez老師注意到她沒有盡力做好她的功課，儘管她的功課比班上其他的同學都要好。Zoe所付出的努力幾乎微乎其微，但由於她的學術能力，她的功課還是相當的不錯。在這種情況下，Hernandez老師應該：(1)降低Zoe的成績，因為她沒有努力於課業；(2)給Zoe比較低分，希望這樣可以鼓勵她要更加努力；(3)以作業的品質給Zoe成績；或(4)採取其他的方式。

案例3：初等代數課

Barrett老師教異質分組的初等代數課。兩次考試決定九週的成績。在計算Jose的成績時，Barrett老師注意到Jose在第一次考試得到C，而第二次考試得到一個A。在這種情況下，Barrett老師應該：(1)給Jose B當作整體成績，因為這是他兩次考試的平均分數；(2)給Jose A的整體成績，因為他在第二次考試進步了；或(3)採取其他的方式。

案例4：三年級的閱讀

Atkinson女士教三年級，並且班上有幾個學生在閱讀能力的發展上是落後的。Tia是一個很害羞的英語學習者，並且無法在課堂中參與。Sammy和Chase以他們的年齡層來看是落後的。他們有注意力集中的困難，經常打擾其他認真的學生，如果沒有相當的督促便很少完成作業。然而，當她督促時，他們的作業勉強可以接受。Daniel的詞彙能力很弱，在讀非小說的素材時，這特別有問題，雖然他解碼能力還不錯，而且在課堂上很努力。Millie則是個謎。有時她似乎閱讀得很順暢，不過，她經常拒絕教師在小組中或個人大聲朗讀。

她寫的作品並不是很容易理解，但她有時可以回答課堂上沒人可以回答的閱讀理解問題。

在評分的尾聲時，Atkinson老師也發現在她的成績冊上，學生的成績都差不多；但是當她考慮這些學生的個別狀況時，她認為Tia在閱讀能力上比別人低。她也希望鼓勵Daniel的努力，並且希望他的成績成為鼓勵的一部分。她不知道如何給Millie不佳的學習檔案評分。她知道Sammy和Chase可以比他們平常做得還要更好。在目前評分的階段，當Atkinson老師開始要確定成績，完成給這些學生的成績報告，你會給她什麼建議呢？

※　※　※

如果我們善用機會教育年輕人，我們透過我們的志業，持續發展出周全的教育理念，以深刻的、有挑戰性的、並且支持性的教學法來教好我們的學生。

我們要留心讓評分反映並延伸知性、合理並且培育的教育原則，而非與其背道而馳。

第 7 章

回顧與展望

為達成任何有意義的事，需要三個關鍵條件：第一，努力；第二，堅持不懈；第三，常識。

——湯瑪斯·愛迪生

想像一下：你存錢了一筆錢想建造理想的家，你帶著腦海中的藍圖去找建築師，結果卻聽到建築師說：「聽起來不錯，可是我只會蓋平房，而且跟你想像的不同。」想像一下：當你覺得不舒服去看醫生，醫生說：「我懂你的感覺，可是我今天只準備治療其中一項症狀，但卻不是今天讓你不舒服的症

狀。」想像一個只會填某一類稅單的稅務專家、只出一道菜的餐廳、或是只會栽種杜鵑花的園藝師。再想像一下：有個小孩——也許是你的小孩——進到教室，教師用肢體（若不是用言語）暗示他：「我只會教一種小孩，但不是你這種。」

有效實施的差異化教學能拓展教師自己的能耐，讓我們更專業，讓我們能夠對所有進到教室的孩子傳達以下訊息：「在這裡，你可以自在地學習。」

最近有位就讀維吉尼亞大學師培課程的學生，剛完成他的教學實習課。他上了差異化教學的課，然後在課程開始不久就發表他對差異化的看法。一開

始他說，他認為差異化教學是一連串的、以學生為優先的、由教師依據常理所做的決定。接著，他開始描述這些決策，彷彿他就在現場親眼見到。首先，教師需持續創造教室氛圍，歡迎所有的學生——每一位學生——一同冒險學習。他認為如果做不到這點，教師所做的其他部分都會大打折扣。接著他繼續分析，教師需持續改善並精進其所教授的課程，如此一來，才能使學生投入學習，並準備好去理解自己生存的世界而採取明智的行動。如果做不到這點，我們將浪費人力資源。再來，他提議，教師若將時間投資在學生身上，並深深地在乎所教授的課程內容，那麼他們就會想知道每個學生的學習進程。因此，他們就會規律地使用形成性評量來瞭解每位學生的狀況。如果做不到這點，我們就像是閉著眼睛在教書。他繼續說，教師會按照形成性評量的結果來採取下一步。也就是說，教師照顧學生的能力需求、他們的興趣和學習偏好，盡可能增加每位學生學業成長的機會。如果做不到這點，那就是阻斷了學生通往成功的路。最後，他下結論說，教師需學著在教室中引導，而他的課室裡同時有好幾

個活動順暢地、有效率地在進行。如果做不到這點，其他四項元素也都沒用處了。

這位提供差異化「常識」定義的年輕人也寫下他的理由，因為他覺得自己在發展對差異化的理解時，必定漏掉一些重點。但是當他所收到的回饋表示他對差異化的架構理解得很完整、也表達得很清楚時，他卻困惑且近乎不悅地說：「如果差異化這麼簡單，為什麼大家不去做呢？」

他所理解的差異化對他而言很有意義，所以，他不懂為什麼在實習課時都看不到別人這麼做。最後，他提了個問題來總結他的想法：「這些元素中，哪一個會被教師認為是不重要的呢？」

對於他的問題，正確答案可能是：大部分的教師都覺得這些元素有道理，甚至是大家都知道的常識。然而，常理往往隱藏在舊有習慣和行為反應之下。Isaac Asimov在他於1950年出版的小說《I, Robot》中說到，顯而易見的事，反而最難看清楚。我們被提醒：顯而易見的事，就跟我們臉上的鼻子一樣常被忽略。Isaac Asimov思索著，我們究竟可以看清楚自己的鼻子多少，除非

有人把鏡子擺在你眼前！

　　我們希望這本書幫助你多瞭解評量在差異化教室是理所當然的。我們希望這本書就像鏡子般反映你的教學，讓你較容易看出教學與有效評量的一致性及不一致性。也希望這本書能幫助你發展對差異化教室的五項關鍵要素的理解，並依此為不同的學習者提供最適宜的學習情境。

　　這本書的重點放在差異化五項關鍵要素的其中一項：運用評量以瞭解教學計畫。表7.1整理了本書中此項要素的一些重點。這些基本常識點出教師教學的特色：教師需要監督學生的學習，依此調整教學方式，以有意義的方式回應學生不同的學習。若教師以前不曾具備或運用評量訊息，而當他們使用評量結果使教學更有效率時，此評量只是形成性評量。若要有好品質的前測和形成性評量，則需要蒐集足夠的訊息，對於蒐集到的訊息持續省思，並願意持續下去。這有點像運動，偶爾進行是沒效果的。雖說評量對於教學來說，用在支持學生成功這點很重要，但在有效的差異化教室內，這卻不是獨立的元素。缺乏清楚、使學生投入、及複合式的學習目標（KUDs）、或是評量與學習目標間缺乏緊密關聯，都無法有效地使用形成性評量。換句話說，若沒有健全的課程設計，形成性評量可能會無趣或失焦，或兩者都是。道理很明顯，要能從評量瞭解教學和學習，課程就必須要能使學習者參與其中，並指引他們理解和運用關鍵知識。再次重申，確保課程品質的教學是辛苦且持續的。

　　有效教學需仰賴形成性評量及課程。課程形塑著教學；單調且單一面向的課程，就產生單調且單一面向的教學。有效教學是對個別的學生，而非「一群」學生。因此，為了使教師瞭解教室內不同學生的學習進展，有效教學需透過持續地評量來促進教學，甚至不斷地使用評量作為教學的一環。促進教學的評量或是使用評量作為教學，均是有利的差異化催化劑。要瞭解評量成效，就一定要認清每位學生對課文的理解程度都不同這個事實──不管我們認為自己教得有多棒。因此，差異化教學就不是「額外的」、我們認為有多的時間時才實施。相反地，差異化教學只是教學中下一個具邏輯性且具常理的步驟（Earl, 2003）。教學計畫是──或應

表7.1
教學循環內的評量總整理

	前測	形成性評量	總結性評量	學生自評
目的	· 在學習單元教學開始前，瞭解學生興趣、學習偏好、以及與學習目標相關的狀況。	· 監督學生的學習需求、學習興趣與學習方法能否對應於教學目標，看看彼此能否對應得宜。	· 在學習單元的關鍵點，瞭解每位學生對於學習目標的精熟程度。	· 幫助學生連結學習上的努力和成長。 · 使每位學生參與思考自身的學習進程和需求。 · 幫助學生發展支持自身學習的策略。
方法	· 運用正式或非正式等各種方法，使得學生目前的狀態能對應到學習目標。	· 運用正式或非正式等各種方法，使學生目前的狀態能對應到教學目標。	· 運用封閉式或表現較開放式等各種方法來評估學習過程和學習成果。	· 在學習單元的關鍵點，協助學生對自身的表現進行後設認知及反思。
優點	· 能清楚定義學習結果（KUDs）。 · 能扣緊教學目標。	· 能清楚定義學習結果（KUDs）。 · （若使用正式評量方法）能提供描述性且仔細的回饋給每位學生。	· 因訊息品質好，而能做到精確、一致和公平。 · 能清楚定義教學目標（KUDs）。 · 提供精確的成績單。	· 學生參與監督及調整學習過程等自我省思。 · 學生挑戰自我學習。
用途	· 在學習單元開始前，提供訊息引導教學差異化。	· 能提供每位學生精確的描述性回饋。 · 能提供師生間的對話訊息。 · 能產生引導差異化教學的訊息。 · 能提供與學生學習相關的描述性訊息給教師、家長等有關人士。	· 能點出每位學生在學習循環的重要時刻裡，其對應於教學目標的狀態。 · 能提供評分標準。	· 能使學生專注於學習過程，而非僅注意答案的對錯。 · 能提供師生間對談的訊息。 · 能支援學生獨立學習。

該──把課程和評量緊緊地綁在一起；評量內容由課程特色決定，而課程特色包含了基本知識、學習時需聚焦的特定技能，還有理解這一「磁場場域」，方能與要學習的基本知識與特定技能相互回應。另一方面，評量結果顯示每位學生每一個學習要素的狀態。最後，這些結果應能知會教師教學與學習順序，以及教學策略的選擇。舉例來說，當部分學生學會關鍵單字時，另一些還在跟不熟悉的單字奮戰。當部分學生已學會比較對照的觀念、或是能進行辯論、或是有能力設計對假設的測試時，另一些卻還在原地發展這些技能。對於「數學是描述我們所處世界的語言」此一觀念，當有的學生已能提出深入的看法時，有些學生則僅能提出具體或有證據的說明，有些甚至完全無法說明。

這些情況提供教師在做教學決策時能依此調整進行順序。上述的狀況也將課堂領導和管理與課程、評量及教學綁在一起。有些時候，教師需要召集一小群學生，先教課程內的單字、延伸寫作任務難度、或是再教一次前一天這些學生不懂的技能。有些時候，學生需要完成分層任務（a tiered task），或選擇獨立作業，還是兩個人或三個人一組才會對自己較好。有些時候，若學生能運用各種書面的或是數位資源，或是他們可以觀摩不同難度的優秀學生作品，這對學習將產生正向的、不一樣的意義。

在以上所舉的例子及其他可能性中，可看出彈性的課堂常規是必須的。因此，為了做到使每位學習者往前邁進，教師在課堂管理方面需扮演兩個角色：其一，發展學習常規和步驟，使教室中同時可以有效率且有效能地進行不止一件事；另一個則是得到學生的理解和參與，一同創造適合每個人的教室。這裡的基本常識是，如果我們都清楚每位孩子在學習上都不同──就連大人都一樣──那麼要求每個人用單一的方法學習，只會使很多學生學不好。因此，在差異化教室管理中，教師要像管弦樂團的指揮，要對總譜清楚且沉浸其中，同時又能注意到樂團不同樂器分部的角色和動態，提供引導和組織各分部，使每個分部順利運作，如此一來才有整體的成功表現。簡單而言，管理差異化教室需要教師擔任一位領導者，而非獨裁者或是帶兵操練的軍官；需要教師創造一個以成功學習為共同目標的團隊或社

群，並教導學生適合於團隊的必要技能和步驟。

有效的差異化教室的最後一項元素則是學習環境，此為所有要素中最強而有力的一項。真實的學習會經歷掙扎，而這掙扎某種程度上揭露了我們的弱點，就在我們思索前頭有什麼在等著我們的時候：也許是失敗；也許是我會看起來愚蠢或無能；也許是我無法達成最為被確定的人性特質，瞭解並掌握周遭的世界；也許同儕會嘲笑我；也許教師──對任何年齡的學習者而言都是權威人士──會看輕我，或是對我期望太高。創造一間邀請每位學生前來學習的教室，以及加強學習過程的教室，皆需要教師扮演領導者的角色。在這裡，領導者要能平衡挑戰和支持、能使學習者和學習有尊嚴、能理解孩子易受傷的心情，並能因此提供學習的避風港。Van Manen（1991）這一段話說得好：

當一個領導者，表示我要走在前頭；正因為我走在前頭，你可以信任我，因為我已通過考驗並且存活下來。現在，我知道通往成長及創造自己未來的這條路上會有什麼陷阱，也知道會有回饋。雖然走在前頭並非成功的保證（因為這世界有其風險和危險），在師生的關係中，我仍然可以向你們保證一件事：無論如何，我都在這裡，你們可以信賴我。（p.38）

當教師贏得學生的信任，並教導他們彼此互相信任，那麼幾乎什麼事都辦得到；而教室裡的活動都是設計來創造此信念的。

對許多教師而言，要他們計畫、思考、甚至接受差異化教學的五項關鍵要素的重要性，似乎太沉重。然而，當新手教師談到這些要素的基本常識時，有一些非常吸引人的論點。也許這些複雜的要素雖然值得一試且必要，最重要的還是開始去想、去做、並從經驗中學習。

本書中提到，要開始差異化教學，就得從促進教學的評量以及使用評量作為教學做起。Lorna Earl（2003）提醒我們，「從作為學習者和作為人兩方面去瞭解學生，是差異化教學的關鍵。」（p.87）她解釋，教師必須想到，並非只是給不同學生不同教案，或是能力分組以減低差異，就是差異化教

學。而是瞭解並接受學生是獨立個體的事實，並運用我們對學生的認識去計畫教學，以使每位學生的學習臻於完善。「當教師具備對學生的瞭解，並清楚知道學生需要學到什麼，差異化就會一直發生。」（p.87）我們同意Lorna Earl的觀點，也邀請大家一同努力運用有效評量的技能，以更瞭解教學與學習。

附錄：Suggested Readings in Differentiated Instruction

The following books can further your understanding of differentiated instruction in general and of the role of learning environment, curriculum, instruction, and classroom leadership and management in a differentiated classroom.

Differentiated Instruction in General

Sousa, D., & Tomlinson, C. A. (2011). *Differentiation and the brain: How neuroscience supports the learner-friendly classroom.* Bloomington, IN: Solution Tree.

Tomlinson, C. A. (2001). *How to differentiate instruction in mixed-ability classrooms* (2nd ed.). Alexandria, VA: ASCD.

Learning Environment in a Differentiated Classroom

Tomlinson, C. A. (2004). *Fulfilling the promise of the differentiated classroom: Strategies and tools for responsive teaching.* Alexandria, VA: ASCD.

Curriculum in a Differentiated Classroom

Tomlinson, C. A., & McTighe, J. (2006). *Integrating differentiated instruction and Understanding by Design: Connecting content and kids.* Alexandria, VA: ASCD.

Instruction in a Differentiated Classroom

Tomlinson, C. A. (1999). *The differentiated classroom: Responding to the needs of all learners.* Alexandria, VA: ASCD.

Classroom Leadership and Management in a Differentiated Classroom

Tomlinson, C. A., & Imbeau, M. (2010). *Leading and managing a differentiated classroom.* Alexandria, VA: ASCD.

參考文獻

Airasian, P. (1997). *Classroom assessment* (3rd ed.). New York: McGraw-Hill.

Allen, J., Gregory, A., Mikami, J., Hamre, B., & Pianta, R. (2012). *Predicting adolescent achievement with the CLASS-S observation tool.* A CASTL Research Brief. Charlottesville, VA: University of Virginia, Curry School of Education.

Asimov, I. (1950). *I, robot.* New York: Bantam Dell.

Ausubel, D. (1968). *Educational psychology: A cognitive view.* New York: Holt, Rinehart, &Winston.

Berger, R. (2003). *An ethic of excellence: Building a culture of craftsmanship with students.* Portsmouth, NH: Heinemann.

Black, P., & Wiliam, D. (1998). Inside the black box: Raising standards through formative assessment. *Phi Delta Kappan, 80,* 139–144, 146–148.

Black, P., & Wiliam, D. (2009). Developing the theory of formative assessment. *Educational Assessment, Evaluation, and Accountability, 21*(1), 5–31.

Brookhart, S. (2004). *Grading.* Upper Saddle River, NJ: Merrill/Prentice Hall.

Brookhart, S. (2012). Preventing feedback fizzle. *Educational Leadership, 70*(1), 25–29.

Brookhart, S. (2013). Grading. In J. H. McMillan (Ed.), *SAGE handbook of research on classroom assessment* (pp. 257–272). Los Angeles: SAGE.

Brown, A. (1994). The advancement of learning. *Educational Researcher, 23,* 4–12.

Chappius, J. (2012). How am I doing? *Educational Leadership, 70*(1), 36–41.

Chappius, J., Stiggins, R., Chappius, S., & Arter, J. (2012). *Assessment for learning: Doing it right, using it well* (2nd ed.). Upper Saddle River, NJ: Pearson.

Clements, A. (2004). *The report card.* New York: Simon & Schuster.

Coffield, F., Moseley, D., Hall, E., & Ecclestone, K. (2004). *Should we be using learning styles? What research has to say to practice.* London: Learning and Skills Research Centre.

Costa, A., & Kallick, B. (2008). *Learning and leading with habits of mind: 16 essential characteristics for success.* Alexandria, VA: ASCD.

Courey, A., Balogh, J., Siker, J., & Paik, J. (2012). Academic music: Music instruction to engage third-grade students in learning basic fraction concepts. *Educational Studies in Mathematics.* DOI 10.1007/510649-012-9395-9.

Dressel, P. (1983). Grades: One more tilt at the windmill. In A. Chickering (Ed.), *Bulletin.* Memphis: Memphis State University, Center for the Study of Higher Education.

Dweck, C. (2008). *Mindset: The new psychology of success.* New York: Ballantine.

Earl, L. (2003). *Assessment as learning: Using classroom assessment to maximize student learning.* Thousand Oaks, CA: Corwin.

Eliot, L. (2009). *Pink brain, blue brain: How small differences grow into troublesome gaps and what we can do about it.* New York: Houghton Mifflin Harcourt.

Ginott, H. (1972). *Teacher and child: A book for parents and teachers.* New York: Macmillan.

Gurian, M. (2001). *Boys and girls learn differently: A guide for teachers and parents.* San Francisco: Jossey-Bass.

Guskey, T. (1996). *Communicating student learning: The ASCD yearbook, 1996.* Alexandria, VA: ASCD.

Guskey, T. (2006). Making high school grades meaningful. *Phi Delta Kappan, 87,* 670–675.

Hansberry, L. (1958). *A raisin in the sun.* New York: Random House.

Hattie, J. (2009). *Visible learning: A synthesis of over 800 meta-analyses relating to achievement.* New York: Routledge.

Hattie, J. (2012a). Know thy impact. *Educational Leadership, 70*(1), 18–23.

Hattie, J. (2012b). *Visible learning for teachers: Maximizing impact on learning.* New York: Routledge.

Hess, K. (2010, December). *Learning progressions frameworks designed for the Common Core State Standards in Mathematics, K–12.* Dover, NH: National Center for the Improvement of Educational Assessment (NCIEA).

Hess, K. (2011, December). *Learning progressions frameworks designed for use with the Common Core State Standards in English Language Arts & Literacy K–12.* Dover, NH: National Center for the Improvement of Educational Assessment (NCIEA).

LePage, P., Darling-Hammond, L., & Akar, H. (2005). Classroom management. In L. Darling-Hammond & J. Bransford (Eds.), *Preparing teachers for a changing world: What teachers should learn and be able to do* (pp. 327–357). San Francisco: Jossey-Bass.

Lisle, A. M. (2006). *Cognitive neuroscience in education: Mapping neuro-cognitive processes and structures to learning styles, can it be done?* Retrieved from http://www.leeds.ac.uk/educol/documents/157290.htm.

Marzano, R. (2010). *Formative assessment and standards-based grading.* Bloomington, IN: Marzano Research Laboratory.

Moon, T., Callahan, C., Brighton, C., & Tomlinson, C. A. (2002). *Development of differentiated performance tasks for middle school classrooms.* (RM 02160). Storrs, CT: University of Connecticut, NRC/GT.

National Research Council. (2000). *How people learn: Brain, mind, experience, and school.* Washington, DC: National Academy Press.

National Research Council. (2001). *Knowing what students know: The science and design of educational assessment.* Washington, DC: National Academy Press.

O'Connor, K. (2011). *A repair kit for grading: 15 fixes for broken grades* (2nd ed.). Boston: Pearson.

Pashler, H., McDaniel, M., Rohrer, D., & Bjork, R. (2008). Learning styles: Concepts and evidence. *Psychological Science in the Public Interest, 9*(3), 106–119.

Perricone, J. (2005). *Zen and the art of public school teaching.* Frederick, MD: Publish America.

Popham, J. (2007). The lowdown on learning progressions. *Educational Leadership, 64*(7), 83–84.

Salomone, R. (2003). *Same, different, equal: Re-thinking single-sex schooling.* New Haven, CT: Yale University Press.

Schlechty, P. (1997). *Inventing better schools: An action plan for educational reform.* San Francisco: Jossey-Bass.

Skinner, E., Furrer, C., Marchand, G., & Kindermann, T. (2008). Engagement and disaffection in the classroom: Part of a larger motivational dynamic? *Journal of Educational Psychology, 100,* 765–781.

Sousa, D. A., & Tomlinson, C. A. (2011). *Differentiation and the brain: How neuroscience supports the learner-friendly classroom.* Bloomington, IN: Solution Tree Press.

Sparks, S. (2012, September 26). Studies probe power of "personalizing" algebra. *Education Week*. Retrieved from http://edweek.org/ew/articles/2012/09/26/05personalize_ep.h32.html?print=1

State Collaborative on Assessment and Student Standards. (2008). *Attributes of effective formative assessment*. Washington, DC: Council of Chief State School Officers.

Sternberg, R., Torff, B., & Grigorenko, E. (1998). Teaching triarchically improves student achievement. *Journal of Educational Psychology, 90*, 374–384.

Stiggins, R. (2001). *Student-involved classroom assessment* (3rd ed.). Upper Saddle River, NJ: Pearson.

Stiggins, R. (2006). Making high school grades meaningful. *Phi Delta Kappan, 87*, 670–675.

Storti, C. (1999). *Figuring foreigners out: A practical guide.* Yarmouth, ME: Intercultural Press.

Tannen, D. (1990). *You just don't understand: Men and women in conversation.* New York: Ballantine.

Tomlinson, C. A. (2003). *Fulfilling the promise of the differentiated classroom: Strategies and tools for responsive teaching*. Alexandria, VA: ASCD.

Tomlinson, C. A., & Imbeau, M. (2013). Differentiated instruction: An integration of theory and practice. In B. Irby, G. Brown, R. Lara-Aiecio, & S. Jackson (Eds.), *Handbook of educational theories* (pp. 1081–1101). Charlotte, NC: Information Age Publishing.

Tomlinson, C. A., & McTighe, J. (2006). *Integrating differentiated instruction and Understanding by Design: Connecting content and kids*. Alexandria, VA: ASCD.

Tomlinson, C. A., & Moon, T. (2013). Differentiation and classroom assessment. In J. H. McMillan (Ed.), *SAGE handbook of research on classroom assessment* (pp. 415–430). Los Angeles: SAGE.

Trumbull, E., Rothstein-Fish, C., Greenfield, P., & Quiroz, B. (2001). *Bridging cultures between home and school: A quick guide for teachers.* Mahwah, NJ: Lawrence Erlbaum.

Van Manen, M. (1991). *The tact of teaching: Toward a pedagogy of thoughtfulness*. Albany, NY: State University of New York.

Vygotsky, L. S. (1978). *Mind in society: The development of higher psychological processes*. Cambridge, MA: Harvard University Press.

Wiggins, G. (1993). *Assessing student performance*. San Francisco: Jossey-Bass.

Wiggins, G. (1998). Educative assessment : Designing assessments to inform and improve student performance. San Francisco, CA: Jossey-Bass

Wiggins, G., & McTighe, J. (2008, May). Put understanding first. *Educational Leadership, 65*(8), 36–41.

Wiggins, G. (2012). 7 keys to effective feedback. *Educational Leadership, 70*(1), 11–16.

Wiggins, G., & McTighe, J. (1998). *Understanding by Design*. Alexandria, VA: ASCD.

Wiliam, D. (2011). *Embedded formative assessment*. Indianapolis, IN: Solution Tree.

Wiliam, D. (2012). Feedback: Part of a system. *Educational Leadership, 70*(1), 31–34.

Willis, J. (2006). *Research-based strategies to ignite student learning: Insights from a neurologist and classroom teacher*. Alexandria, VA: ASCD.

Willis, J. (2007). *Brain-friendly strategies for the inclusion classroom*. Alexandria, VA: ASCD.

Yeh, S. (2011). *The cost-effectiveness of 22 approaches for raising student achievement*. Charlotte, NC: Information Age.

國家圖書館出版品預行編目資料

差異化班級學生評量／Carol Ann Tomlinson,
Tonya R. Moon著；張碧珠等譯. －－二
版.－－臺北市：五南圖書出版股份有限公
司, 2024.08
面； 公分
譯自：Assessment and student success
in a differentiated classroom
ISBN 978-626-393-514-3(平裝)

1.CST: 學習評量 2.CST: 個別化教學

521.66   113009477

1IZV

差異化班級學生評量

作　　者 ― Carol Ann Tomlinson

　　　　　 Tonya R. Moon

譯　　者 ― 張碧珠等

企劃主編 ― 黃文瓊

責任編輯 ― 劉芸蓁、李敏華

文字校對 ― 劉芸蓁

封面設計 ― 姚孝慈

出 版 者 ― 五南圖書出版股份有限公司

發 行 人 ― 楊榮川

總 經 理 ― 楊士清

總 編 輯 ― 楊秀麗

地　　址：106臺北市大安區和平東路二段339號4樓

電　　話：(02)2705-5066

網　　址：https://www.wunan.com.tw

電子郵件：wunan@wunan.com.tw

劃撥帳號：01068953

戶　　名：五南圖書出版股份有限公司

法律顧問　林勝安律師

出版日期　2017年9月初版一刷
　　　　　2024年8月二版一刷

定　　價　新臺幣400元

經典永恆・名著常在

五十週年的獻禮——經典名著文庫

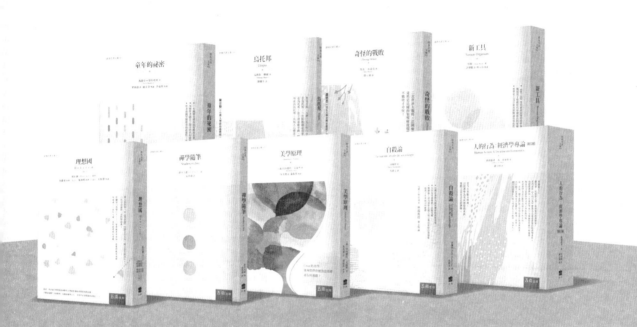

五南，五十年了，半個世紀，人生旅程的一大半，走過來了。

思索著，邁向百年的未來歷程，能為知識界、文化學術界作些什麼？

在速食文化的生態下，有什麼值得讓人雋永品味的？

歷代經典・當今名著，經過時間的洗禮，千錘百鍊，流傳至今，光芒耀人；

不僅使我們能領悟前人的智慧，同時也增深加廣我們思考的深度與視野。

我們決心投入巨資，有計畫的系統梳選，成立「經典名著文庫」，

希望收入古今中外思想性的、充滿睿智與獨見的經典、名著。

這是一項理想性的、永續性的巨大出版工程。

不在意讀者的眾寡，只考慮它的學術價值，力求完整展現先哲思想的軌跡；

為知識界開啟一片智慧之窗，營造一座百花綻放的世界文明公園，

任君遨遊、取菁吸蜜、嘉惠學子！